一路耕耘 一路歌

路林峰 著

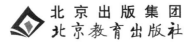

北京出版集团
北京教育出版社

图书在版编目（CIP）数据

一路耕耘一路歌 / 路林峰著 . -- 北京：北京教育
出版社，2023.6
ISBN 978-7-5704-5662-8

Ⅰ.①一… Ⅱ.①路… Ⅲ.①教育工作—文集 Ⅳ.
① G4-53

中国国家版本馆 CIP 数据核字 (2023) 第 114672 号

一路耕耘一路歌

路林峰　著

*

北 京 出 版 集 团　出版
北京教育出版社
（北京北三环中路 6 号）
邮政编码：100120
网址：www.bph.com.cn
京版北教文化传媒股份有限公司总发行
全国各地书店经销
河北宝昌佳彩印刷有限公司印刷

*

710 mm×1 000 mm　16 开本　13.5 印张　235 千字
2023 年 6 月第 1 版　2023 年 6 月第 1 次印刷
ISBN 978-7-5704-5662-8
定价：68.00 元

版权所有　翻印必究

质量监督电话：(010)58572525　58572393
购书电话：18133833353

书　评

诚祝《一路耕耘一路歌》问世

林翠微风喜，

峰青细雨滴。

畅通教苑道，

想望特殊霓。

扬旗陇上丽，

帆举靖卫怡。

远瞩来年蕙，

航程亿万楫。

张克让

（曾任靖远一中校长、靖远师范校长和甘肃教育学院副院长。1986 年被国家教委和全国总工会评为全国教育系统劳模，1988 年当选为第七届全国人大代表，1989 年被国务院评为全国先进工作者）

在落实"新时代教育评价"改革的过程中，对教师的评价做到科学合理，有利于激发教师工作的积极性，因此建立科学合理的教师评价体系至关重要。这本《一路耕耘一路歌》的作者多年深耕基层教育第一线，积累了丰富的教学经验。本书对基层教育教学评价做的经验总结接地气、聚人力，具有可操作性。它对于完善当前教师评价体系，激发教师献身教育事业，牢固树立立德树人的坚定信念大有裨益。

常新

（西安交通大学教授、博士生导师，教育部人文社会科学项目评审专家）

　　一名校长是如何成长起来的？怎样通过评价改革调动基层教师的积极性？这本《一路耕耘一路歌》真实地记录了一名基层教师从教30多年的工作与成长经历，也给出了问题的答案。全书没有高谈阔论，而是将教育工作中的点滴经验娓娓道来，展现的是一种教育精神。

熊丙奇

（21世纪教育研究院院长）

序一 学校精细化管理的探索者

校长的境界决定学校的发展。陶行知先生说："校长是一个学校的灵魂，要想评论一个学校，先要评论它的校长。"他在书中写道："优秀的校长应具备敏感的政治素质、高尚的道德素质、成熟的专业素质、良好的身心素质、强大的执行素质。"

说起靖远县特殊教育学校校长路林峰，就不得不说他的工作日记。坚持写工作日记是他的工作日常，他的案头有一个本子，这里面记载了他多年以来的工作历程，也是他从事学校管理工作的纪实。

路林峰从教学岗位到管理岗位走过了 30 余年，从一名教师成长为学校的中层管理者。在教学岗位上，他研究如何提高教育教学质量和学生的学习效率；在管理岗位上，他研究什么样的管理模式适合学校的发展。

路林峰从事管理工作以来，总结了学校管理必备的三个方面的文化，即校长文化、理念文化、制度文化。校长文化就是校长的境界决定学校的发展。他认为乐于学习、勤于思考、善于沟通、坚守一线是一个校长必备的素养，并始终把提升自身工作能力和水平放在第一位。理念文化就是通过学校文化集中的价值取向，制定学校发展愿景，形成良好的校风、教风、学风等。制度文化就是用一系列制度管理学校，将人为管理的随机性降到最低，让教师理解、认同、执行各项制度。制度文化是学校精细化管理的核心内容。

2007 年 8 月，路林峰担任副校长，并开始参与学校管理。路林峰常思考以下问题：什么样的管理让教师觉得公平、有信心？什么样的管理让教师愿意在学校精细化管理的框架下，使自身教学技能的提升成为内在需求和动力，积极工作，实现教学质量的提升，进而实现学校教育教学水平的整体提高？

每年他都会把自己这一年的工作情况记下来，用他的话说就是每天把自己做的事和心得顺手记下来。每年他都会把自己这一年的历程细心整理，打印装订成册。除了写文章之外，他还和朋友、同事分享自己的心得。他特别重视教师成长历程对学校管理文化的支撑，多次发表论文、参加培训、记录教育工作情况、主持活动、提出教学质量提升策略和学校管理文化等。

在路林峰看来，教师工作量认定是教师管理评价的第一步。一所学校要想充分调动教职工教书育人的积极性、主动性和创造性，就要将学校管理与教师工作量认定结合起来，按一周的工作课时数确定教师工作量，并实行"签单式认定，课时化管理"。他对每一门课的系数进行了折合，语文、数学、英语的折合系数为 1.4，体育、美术的折合系数为 1，以此确定工作量。"签单式认定"就是为课时数不够的教师准备的，如化学实验室需要人员管理，每周 3 课时，谁的课时数不够，可以申请管理课时。教师只有完成基本课时量，才能足额拿绩效工资。

在普通学校，教学成绩评价是学校管理的中心工作。学校应该提高教学质量，合理、科学地考核评价教师的教学成绩，调动教师的工作积极性，实现教学目标。

在"六率代数和"评价机制中，教学评价成绩＝（完成率＋参考率＋优秀率＋平均分浮动率＋及格学生数浮动率）－学困生率。在这个评价标准中，教学成绩以期中考试成绩和期末考试成绩为准，避免了不同班级之间的比较。这个评价过程主要看学科的进步程度，对班级成绩进行现在与前期的比较。这改变了单一的平均分或者标准分的评价办法，让教师有信心完成教学任务，提升学科教学成绩。

特殊教育学校和普通学校有所不同，为了评价特殊教育学校教师工作成绩，路林峰制定了过程性评价制度，教师工作成绩包括职业修养（10 分）、理论学习（4 分）、专业成长（14 分）、教学教研（15 分）、德育实施（8 分）、招生工作（2 分）、送教家访（8 分）、学业述评（5 分）、教学管理（24 分）、安全保障（10 分），总分 100 分。校长亲自参与考核，公平公正地评价教师。

在路林峰看来，教师职称晋升评价工作是学校管理工作的一部分。坚持四个原则，即择优晋升的原则，公开、公平、公正的原则，促进教育教学质量提升的原则，教师队伍和谐稳定的原则。依据县教育局职称晋升的相关文件，教师评价包括教龄（28 分）、校龄（5 分）、任职时间（8 分）、学历（10 分）、近五年的年终考核成绩（30 分）、教育成果（3 分）、德育（3 分）、出勤率（3 分）、考核小组测评（10 分）九个方面，总分 100 分。其中近五年的年终考核成绩［师德师风（12分）、出勤工作纪律（20分）、工作量（20分）、工作教学成绩（35分）、教学常规检查（10分）、工作业绩（3分）］按照每年的积分排队顺序进行积分。

路林峰坦言："学校管理的制度化，让学校走出了校长随意管理的泥潭，降低了学校在发展中的风险，改善了管理中的一些混乱局面；让学校管理有章可循，提升了学校的管理水平，以及教师的积极性和主动性。"

2018年12月，在重庆师范大学学校管理工作交流会上，重庆师范大学附属中学张忠俊校长评价："靖远县特殊教育学校制定的《学校管理评价制度》比较完整，在管理上形成了激励性评价体系，做到了教师评价的公正、公平、公开。学校管理真正体现了'重师德、重安全、重过程、重数据、重结果、重文化'的管理元素。"

在路林峰看来，学校精细化管理是一个动态变化的过程，"如何使学校管理更加系统化、标准化"列入了他的工作日程。他在学校管理上有一定的建树，始终坚持做一名学校精细化管理探索实践者。

张克让

2023年4月

序二　教育管理者的良知与责任

　　特殊教育的特殊性决定了其不仅需要教育者具备基本的教育技能与敬业精神，更需要教育者具备足够的爱与执着。正因如此，从事这个领域的教育者令人心生敬意。一直以来，由于特殊教育的特殊性，人们对这个领域的认知尚不够深入。但是，这个领域不可或缺，它在一定程度上反映着一个社会的文明程度。因而，特殊教育学校的建设与管理具有特殊意义。相较于普通学校，特殊教育学校常常被人们寄予更高的期许。这也意味着管理一所特殊教育学校更难，更复杂，更需要良知与责任。

　　这本书展示了一位从事特殊教育的工作者为办出一个对得起社会关切的特殊教育学校而做出的努力。在这本书中，我们将见到一位执着而投入的校长，了解一位教育管理者如何尽其所能对教育事业倾注自己的热爱、热情与责任。对于一般读者来说，由于对特殊教育的管理和一般教育的管理之间的差异了解不多，他们很难猜度这本书的作者在努力克服什么样的困难，在努力解决什么样的问题，但这并不阻碍我们去发现一位教育管理者的苦心所在。他的工作日记和管理笔记令人动容，相信他在这些经历中总结出的管理经验必定有其实践上的有效性，有其现实中的合理性。诚然，本书是一个关于教育管理的活生生的个案，但其中包含作者对于特殊教育的独特体会。教育是温情的，但管理本质上是超越温情的。在这本著作中，我们将看到一位教育管理工作者的理性与务实精神如何超越温情而让一个学校得到长足发展，让特殊学生得到切实的教育与自我发展。

　　路林峰是一位充满责任心的教育管理者，作为一名从教师岗位到管理岗位、从普通教育学校到特殊教育学校从教 30 多年的老教师，他执着于研究提高教育教学质量和学生的学习效率，而在管理岗位上，他执着于探究什么样的管理模式适合学校的发展。他有一套关于精细化管理的评价方案，这意味着他没有回避令教育管理者头痛的具体问题；他探索一种量化评价方式，这意味着他尊重教育工作者付出的每一滴汗水与心血；他对教师评价指标的具体分析，说明他对教师教学的积极性和主动性的关切与鼓励；他对特殊教育教师的评教探索，说明他具有特殊教育的管理思维，能直面特殊性。

这本书的学术价值在于，它展现了一位基层的教育管理者如何结合本地与本校的特殊性进行学校工作的精细研究与制度化建设。我推荐基层的教育管理者读一读这本书，因为这本书中包含有益的经验、应对问题的具体方案和克服困难的有效指南。

刘旭光

（上海大学教授、博士生导师，教育部青年长江学者）

前　言

　　我的童年生活是在农村度过的。父亲是一名在水利部门工作的普通干部，正直、朴实、敬业、奉献，是那个年代普通公民的真实写照。我的母亲是一位善良、乐于助人的农家妇女，她是家里的顶梁柱，重视子女的教育胜过自己的生命。在当时的农村，我们的生活虽不富裕但宁静、温馨。

　　每个人的生命历程都是一本书，至于写得好与坏、厚与薄、精彩与平庸，全看自己如何下笔，其他人是无法代替的。无论处在何种境地，我们都应该有个好的心情、好的心态。

　　我于 1989 年 9 月参加教育工作，有 30 多年的教学工作历练，当过 18 年班主任，在乡镇学校工作 14 年，现在担任一所特殊教育学校校长。一路走来，虽然没有"惊天动地"的教育成果，但作为一名教师，我觉得很光荣，很自信。如果把教师这个职业提高标准去理解，那真是"三寸粉笔，三尺讲台系国运；一颗丹心，一生秉烛铸民魂"。

　　"五十而知天命"，这句话说的是人在 50 岁之后，虽然仍是"废寝忘食""乐求真知"，但对个人名利和荣誉的追求已经淡然。

　　回首往事，我总结了"知天命"的人给社会、给家庭、给自己留下了哪些值得欣慰的事。于是，我有了一个想法，把我参加工作以来的点滴经历进行收集并汇总，看一看自己做了什么。这是我编著这本书的初心。我希望把我工作期间的一些教育细节整理成书，让同行同事、知己友人、亲戚朋友更深刻地了解我的职业生涯，了解我的工作风格，一起分享我的快乐。

　　感谢全国教育系统劳模、第七届全国人大代表、全国先进工作者张克让（曾任靖远一中校长、靖远师范校长和甘肃教育学院副院长）和上海大学教授、博士生导师，教育部青年长江学者刘旭光分别为这本书写了序言。

　　感谢 21 世纪教育研究院院长熊丙奇和西安交通大学教授、博士生导师，教育部人文社会科学项目评审专家常新分别为这本书写了书评。

感谢中国书法家协会会员、兰州画院党支部书记、甘肃省书协理事兼老年书法委员会副主任、甘肃省侨联书画院院长胡云鸿为这本《一路耕耘一路歌》的封面题名。

《一路耕耘一路歌》是我的教育工作总结，也是对我教育人生的评价，我感到无比自豪和幸福。因为这不仅是一位基层教师的智慧结晶和工作成果，也是基层教师的梦想和追求。在成书过程中，我虽然竭尽全力想把更多的精彩呈现出来，但限于本人学识、视野及写作能力，书中多是一些教育工作资料的收集和整理，有不严谨之处，请读者批评指正。

路林峰

2023 年 4 月

目　录

第一编　教师成长历程

第三章　教师成长第三历程：走进教研

第四章　教师成长第四历程：走进演讲

第五章　教师成长第五历程：走进纪实

第六章　教师成长第六历程：走进教育评价

第二编　学校管理文化

第一编　教师成长历程

第一章　教师成长第一历程：走进理论

——理论推进教育发展，实践指导专业成长

教师从走上讲台的那一刻起，就注定与理论知识紧密联系在一起。教师要在实践中不断学习，提升自己的专业能力，并在不断学习和反思中总结经验，把教育教学中的经验和挫折记录作为教师成长的基石。

教师撰写教育教学论文，对教育规律的探索、工作经验的交流、教育能力的提高、教学改革的推进、有效课堂的构建有着重要意义。通过撰写论文，教师能找到提高自身业务能力的途径和方法。教师联系实际工作中的问题，寻找解决的思路和办法，是一种有效的研究学习过程。撰写论文有助于教师锻炼思维，提高科研能力，也有利于教师及时发现自己在工作中的不足，静思工作过程，从而改进工作方法，提高教育教学质量。

现在，笔者和大家一起分享教学工作中的点点滴滴，共同研究教育过程中教育智慧的提炼和生成，共同提高教育教学管理能力，发挥教育正能量。

浅析课堂教学中的合作学习

合作学习是以教学目标为导向，以异质小组为基本组织形式，以教学各动态因素的互动为动力资源，以团体成绩为奖励依据的一种教学活动和策略体系。根据课堂运用成熟程度，合作学习可以被划分为三个层次：同桌合作学习、小组合作学习、全班合作学习。

同桌合作学习多用于课堂教学活动的起始阶段。在这一阶段，部分教师对合作学习理论的认识比较浅薄，部分学生对合作技巧的掌握不够熟练，有

效合作的实现有一定的难度。因此，教师应将合作形式尽量简化，以同桌为单位，开展合作学习。为了实现同桌的有效合作，教师应当在合作学习理论指导下，明确同桌合作学习的责任与分工、建立固定的组织关系，使合作学习上升一个层次。

小组合作学习指在同桌合作学习的基础上，扩大合作范围，以 4 ～ 8 人为一个小组，开展互相帮助、互相切磋、互相支持、互相探讨的学习方式。这种学习方式可以提高教师的合作学习理论水平和调控能力。在学生对合作学习的认识加深，对合作技巧掌握熟练后，教师可以将合作的范围扩大，实现更高层次的合作学习，这是合作学习的巩固阶段。在这一阶段，合作学习的主要特点是稳定、多边互动。

小组合作学习的模式如下：一是将全班学生按异质原则分成 4 ～ 8 人的小组；二是确立目标要求，以必须掌握的教材知识和合作技巧为学习任务。学生在合作学习中熟练地提出问题、回答问题，自然地说"请""谢谢"等礼貌用语；学会分头组成"专家小组"学习一部分内容，再把所学知识教给另一"专家小组"的同学，并掌握另一"专家小组"同学教给自己的知识；学会支持和尊重他人的工作。在教学环节，教师要注意下列步骤。

（1）教师简要讲解本节课的学习内容。

（2）学生被安排到 4 ～ 8 人的小组学习，教师事先把学习材料分成两部分，小组成员组成两个新的 2 ～ 4 人的"专家小组"，分头学习讨论和研究他们负责的内容。

（3）学习完毕，两个"专家小组"轮流把所学的内容向同组伙伴讲解，力求同伴达到和自己一样的认识水平。

（4）教师根据学习内容设计题目，要求各组选出一个代表汇报发言或全体学生书面回答，评出各组成绩，反馈小组的优秀成果并与全班同学共享。

（5）向全班反馈各组学习情况，引导各组对本节课小组成员的表现进行总结。在这一过程中，所有学生都学习了同样的内容，而不是只掌握各自的内容。教师给出题目后，各"专家小组"的学生只讨论研究他们负责的题目。随着讨论的深入，每个人都有可能成为学习和研究这个题目的"小专家"。

全班合作学习是在课堂教学中以小组合作为基础，充分发挥小组联络员、总结汇报员以及教师反馈的作用，使全班同学有效交流和共享合作学习成果的学习方式。这是合作学习的成熟阶段，这一阶段把"组内合作—组间竞争"推进到"组内合作—班内合作"的境界。此时，教师、学生已将合作学习理念完全内化为自身的能力，并成为教师、学生综合素质的有机组成部分。在这一过程中，合作学习具有全员性、多重互动性的特点。全员性：在这一层次的合作学习中，合作范围达到了最大限度，全体成员都能主动积极地参与其中。多重互动性：生生之间的相互作用不仅在本组存在，还在全班存在，相互作用是多边多重的。

全班合作学习同样要求所有学生学到相同的内容。教师给出题目后，题目相同的学生以小组联络员的身份聚集在一起组成"专家小组"，讨论他们负责的题目，务求深入掌握知识。"专家小组"有一定的选择余地，可以选择学习内容相同的任意一个或几个学生，因此学生合作范围迅速扩大至全班，增加了合作对象，变"组内合作—组间竞争"为"组内合作—班内合作"，全班同学成为一个紧密团结的队伍。

综上所述，教师只要循着教学规律，灵活运用合作学习原理，就能使合作范围由小到大，合作效率由低到高，促使学生学习，不断提高教和学的质量。

（2009 年 2 月 19 日发表于《甘肃日报》第 21 783 期）

义务教育阶段的英语课堂教学反思

教学反思就是教师运用教学经验，明确教学目标，优化教学内容，创新教学模式。教师可以进行这样的反思：学生是否全神贯注地倾听？学生是否主动参与课堂教学活动？学生是否敢于用英语进行交流？学生是否善于质疑并提出有价值的问题？学生能否自我控制和调节学习情绪？上完课，教师要及时分析自己的教学策略以及由此产生的效果，积极撰写反思札记，观看自己的课堂教学录像，寻找课堂教学的疏漏，从而促进自身教学能力的提高。根据我二十几年的英语教学体会，现从以下 3 个方面论述义务教育阶段的英语课堂教学反思。

一、激发学生学习兴趣

教育心理学认为，只有感兴趣的东西，学生才会积极地开动脑筋，认真思考，并以简捷、有效的方法获得必要的知识。在课堂教学中，只有学生对英语有学习兴趣，才能保持英语学习的动力并取得好成绩。学生对英语没有学习兴趣，不仅会影响英语学习的效果，还会影响自身的全面发展。可见，兴趣是学好英语的重要因素。教师要努力创造宽松、民主、和谐的教学空间，尊重学生，积极鼓励他们在学习中不断尝试，保护他们的自尊心，激发学生的学习兴趣。与此同时，教师要经常和学生一起反思学习过程和学习效果，互相鼓励、互相帮助，提高教学效果。

二、注重学生合作学习

根据自愿和兴趣的原则，教师把学生组成若干个学习小组，将课内学习和课外锻炼结合起来，以满足学生的兴趣爱好，促进学生技能的提高。教师可以把兴趣相投、性格相似的学生分到一组，可以把邻座的学生分到一组，可以把在思想、学习、生活方面能互相帮助的学生分到一组。学生对知识有各自不同的理解和体会。合作学习的优点在于学生可以用自己的表达方式来帮助同学理解、消化学习内容。学生互相勉励、互相帮助、互相督促，在学习过程中共同进步。

三、优化课堂教学模式

教师在课堂上通过观察、回顾、诊断、自我监控等方式，给予自我肯定、支持与强化，从而进一步提升教学实践的合理性，提高教学效能。在教学工作中，教师要切实加强教学反思；在推进课改、构建有效课堂的教学实践中，教师要感悟教学行为，积累经验。

（一）听力教学

英语教材设计了大量听力材料，而这些听力材料正是学生学习过程中的一个难点。那么，教师如何进行听力教学呢？

1. 听说训练

教师可要求学生在听懂的基础上说，在说的同时增强听的能力，两者有机结合，相互促进。听说训练包括听音答问、听后复述、听后解释、听后辩论等。

2. 听写训练

教师可安排学生听写音相近的单词，听写同化、强弱读、连读或否定的句子，听写含数字、人名、地名、年龄的对话和短文，强化学生的记忆力。

（二）词汇教学

义务教育阶段的英语教材词汇量大，大多数词汇属于课标词汇，要求学生掌握运用，少量词汇要求学生在学习过程中理解即可。词汇量大增加了教学难度，因此教师必须让学生理解掌握，否则不符合教材要求。

教师在课堂上教单词时，要示范到位，发音清晰，讲解发音要点，培养学生认真听、专心看、积极模仿的好习惯。必要时，教师也可配合电子图片、体态语，帮助学生理解并记住单词。

在课堂教学中，教师要通过构词法，以旧带新，相互迁移，让学生快速记单词。例如，news-paper-newspaper；day-today；foreign-foreigner；sun-sunny；build-building；Monday-birthday-yesterday；happy-happily；care-careful；fun-funny；invent-inventor-invention；noise-noisy；等等。

在教学过程中，教师应尝试运用多种形式帮助学生巧记单词，如儿歌、谜语、简笔画、电子动画等，尽量在教学过程中激发学生学习英语的兴趣。

学习单词的目的是运用词汇进行口头表达。在英语教学中，教师应创设一定的语言情境，使学生自然而然地使用所学词汇来表达他们的思想感情，从而达到学以致用的效果。以冀教版七年级上册 Unit 5 的教学为例，教师可以让学生带一张全家福来学校，并用英语介绍自己的家人。

（三）阅读教学

在课堂教学中，教师不要讲解太多，把更多的时间用来开展活动，安排学生自学。英语教材中每单元至少有两篇阅读材料，一般采用发现问题、提出问题、分析问题、解决问题的教学方法帮助学生获得信息知识。那么，在课堂教学中，教师究竟应该怎样讲？课堂讲解是必要的。教师只给学生提供简单的语言信息，让学生自己想象体验而没有引导，学生的创新精神很难得到培养；只让学生诵读感悟而没有精讲解读，学生的学习势必缺少深度和广度。教师作为学生学习的组织者、引导者，必须从学生实际出发，精心设计自己的讲解内容。在学生遇到疑难时，教师要及时讲解，让学生正确理解、领悟材料内容。学生在小组合作学习中要抓住要点进行有效阅读，教师则要适时引导。在学生概括、总结的基础上，教师要及时进行补充，进一步提炼和归纳，从而使阅读教学更加完善。

（四）语法教学

英语教材倡导和鼓励任务型语言教学模式，也就是让学生通过表达、沟通、解释、询问等各种语言活动来学习和掌握语言。教师需要反思的是在教学实践中要不要讲授语法。

语法在语言中起着调节的作用，不学语法是不可能真正学会一种语言的。教师应该重视语法教学，强调语法教学的重要性并不是要回归到传统的语法教学模式，而是强调培养学习者的语法意识。

总之，对义务教育阶段的教师来说，要想追求教学过程的合理性、有效性，必须对教学中存在的问题进行反思。教师积极反思自己在教学过程中处理不当的环节，并进行回顾、探究、梳理，可以扬长避短、精益求精，使自己的教学水平再上新台阶。

（2012 年 6 月 12 日发表于《中学课程辅导》第 13 期）

浅析初中英语"高效课堂"

近年来，随着新课程改革的不断深入，越来越多的学校开始构建"高效课堂"教学模式，打造精品课堂、有效课堂。在这一背景下，改进课堂教学行为、追求课堂教学的有效性逐步成为教师的共同追求。

根据学校要求，部分教师在课堂上使用导学案，把导学案编写成练习题，学生学习的容量增大了，学习活动多了，教学方法改变了，学生动起来了，教师忙起来了，这似乎体现了课堂的有效性。但经过两年的实践，学生的课业负担增加了，导学案变成了另外一本练习册；一些课堂逐渐变成复习课，失去了实质性的效果。广大教师不得不思考高效课堂的含义和教学导向。

英语是一门语言课，英语课堂教学改革应该注重有效性，而实现英语高效课堂的关键在教师。课堂是教师传授知识、学生学习知识的平台，是师生、生生之间互动学习的空间，是教师引导学生发展、探究知识的主渠道，也是实现高效教学的主阵地。要想提高英语教学质量，教师必须重视英语课堂教学的有效性。

一、教师要认真研究英语"高效课堂"，确保学生有效学习

"高效课堂"是在 45 分钟的课堂教学中，通过学生的互动，展示学生的学习欲望，努力实现堂堂清，完成教学任务。简而言之，高效课堂就是让教师忙起来，精心备课；让学生动起来，减轻学生课业负担。高效课堂的最终目标是实现学生身心健康发展，提高学生学业成绩。

每一个教学环节的设计都应是高效的。教师应该教给学生思考的方法，让学生学会学习，体验到成功的快乐。教师还要用自己的课堂术语吸引学生的注意力，确保他们专心学习、有效学习。

无论通过怎样的教学方法、教学手段，只要能让学生的学习能力得到提高，让学生的听、说、读、写得到充分的锻炼和发展，让学生健康成长、快乐学习，这就是高效课堂。

二、教师要努力打造英语"高效课堂"，确保学生高效学习

现行英语教材趋于语言欣赏；教师对教材研究不足，教材处理选择性不强；教师对学生的关注不够，激励性评价过少；等等。针对这些问题，我结合自己多年的教学经验，浅谈英语"高效课堂"的 3 个方面。

（一）建立融洽师生关系，激励学生高效学习

教育是以人为本的，教学质量的高低在一定程度上取决于师生关系的好坏。课堂效果反映了师生关系是否融洽，和谐的师生关系有助于营造和谐的课堂气氛。

只有走进学生的心灵世界，才能引起学生心灵深处的共鸣。鉴于学生的英语基础不同，教师要尊重学生的思想，不要挫伤他们的积极性，对学困生的态度要慎重、委婉。教师要努力寻找他们的闪光点并加以鼓励，帮助他们树立信心，和他们建立融洽的师生关系。

英语教材中的每一个单元都与学生的生活息息相关。鉴于此，教师可以让学生以一种生活的态度了解英语这门语言，掌握英语知识。同时，教师要了解学生的美好愿望，让学生在课堂上感觉到温暖，在良好的课堂氛围中开展学习。

（二）正确对待导学案，鼓励学生自主学习

导学案包含明确的学习目标，教学重难点，学法指导，学习内容的引

领，学习内容的实践、点拨和检测，学习内容的总结、提升和拓展。如果学生课前不查找资料、不研究单元知识点，课堂上不积极参与，那么导学案就是学生的课外作业，不但没有起到帮助学生学习的作用，反而增加了学生的学业负担。因此，教师可以通过小组合作学习的模式，把导学案设计成课堂主体教学的一小部分，使其在教学中起到辅助的作用。

自主学习是一种积极、主动的学习，它能激发学生强烈的学习兴趣，丰富学生的学习经验，使学生获得积极的、深层次的情感体验，由被动学习转为主动学习。小组合作学习能将个人竞争转化为小组竞争，有助于培养学生的合作精神和竞争意识，有助于教师因材施教。

（三）激发兴趣，创设氛围

智力发展依赖乐趣，快乐的课堂、和谐民主的教学气氛能吸引学生的注意力。教师要克服教学覆盖率不高、学生合作学习机会不多、训练不充分的困难，改变学生惰性较强、懒于开口、过分依赖教师的被动式学习方式。

教师必须具备良好的心理素质，经常与学生进行心灵沟通，这有助于提高学生的学习效果、发挥学生的聪明才智。在课堂上，教师要引导学生在知识、能力、兴趣、素质等方面互相沟通、互相认同、互相补充、互相影响、互相促进。这样教师才能构建轻松的课堂，营造和谐的学习氛围，真正促进学生英语技能的提升，打造英语"高效课堂"。

总之，英语"高效课堂"模式的构建需要教师不断探索。教师在英语教学中要合理利用导学案，激活学生的学习思维，细致研究减负增效，向45分钟要质量，构建科学的、有操作性的教与学的"高效课堂"模式。

（2015 年 7 月发表于杂志《试题与研究》）

浅谈如何在初中英语教学 5 个"基本环节"提出问题

近几年，学校借鉴名校"高效课堂"模式，积极开展教师教研活动，鼓励教师在课堂上启发学生进行小组合作学习，提高教学效率。

本人在英语教师岗位上已经工作 26 年了，一直认为高效课堂的实施不能只落实在课堂教学这一个孤立的环节上。教学由 5 个基本环节组成，分别是课前准备（备课、备教材、备学生、安排学生预习）、课堂教学（目标设计、课堂活动、疑难解读、知识达标）、课后小结（学生反馈学习情况、教师反思课堂效果）、作业布置（分层布置、及时批阅）、学生辅导（精细解释疑难知识）。教师应把握好这 5 个环节的内在联系，使之成为一个有机的教育教学整体，从而达到一定的教育教学效果。

一提起学校教育，一些校长就说："教学成绩是学校生命线，我们只看分数！"教学体现的是学生学习能力的培养和提高。谈到教学质量，教师总是把注意力放在课堂教学上，并强调课堂教学效率，强调向 45 分钟课堂要质量。诚然，课堂教学是教师传授知识、学生学习知识的一个重要环节，但是课堂教学不是一个孤立的环节。教学不仅仅指上课，把握好整体教学的 5 个基本环节同样重要。

为提高英语教学质量，教师应该在课前准备、课堂教学、课后小结、作业布置、学生辅导这 5 个基本环节提出相关问题。教师要细心思考，寻求解决方法，使教学过程的每个环节更具针对性、实效性。

下面以冀教版七年级下册"Lesson 13：How Is School Going?"为例，在教学的 5 个基本环节提出相关问题，打造高校英语课堂。

一、课前准备环节

教师在备课时容易把握教学目标，但在设计教学方法时因人而异。因此，针对师生的不同情况，教师在备课时自问："我用什么方法实现预想的教学目标？"这样能启发教师面对不同的学生情况思考一些具体问题。教师设计好能实现教学目标的教学方法后，再次自问："我为什么认为这些教学方法能实现教学目标？"这有助于教师对原有教学思想和方法再次进行思考，从而提升课堂教学效果。例如，Lesson 13 主要通过王梅和詹妮的对话，让学生了解加拿大的学校生活。教师在课前要准备一张课表，最好是加拿大课表，引导学生学习本节课的短语 sports meet，twice a week/year，long/high jump，be good at，social studies，by oneself 和句式"How is...going?"。

二、课堂教学环节

教师要善于发现学生学习过程中存在的问题，思考这些问题对教学意味着什么。教师虽然在课前做了准备，但是课堂上学生的有些反应不是教师能预想到的。因此，教师要重视学生的反应，善于发现问题。如果教师上完一节课，没有发现学生在学习中存在的问题，那么其教学是有问题的。例如，在课堂语言交际中，教师提出问题"What's your favourite subject？""What do you think of your school subjects?"，学生不能熟练交流。这时，教师要反思在课堂教学中，教学方法在启发引导方面是否出了问题；设计小组学习活动时，预留的时间是否太少。教师要及时调整教学方法。英语教学以口语训练为主，帮助学生了解英语语言特点，掌握英语语言知识。当然，能否发现学生在学习中存在的问题，能否对自己的教学过程进行反思，并在下一次教学设计中改进，这些是对教师教学能力和教研水平的最好检验。

三、课后小结环节

45 分钟的课程虽然结束了，但是教学并没有结束。教师要思考预定的教学目标是否实现了。这种反思性的思考有助于教师对课前准备、课堂教学进行梳理，有助于教师在课后小结时找到存在的问题，并确定是否对教学过程进行调整。例如，教师要反思学生是否掌握了"be good at"的用法，能否用英语制作一张班级课程表。

四、作业布置环节

作业布置环节是否兼顾不同学习能力的学生？在教学过程中，作业布置是一个重要的环节，它往往能说明师生双方教与学的情况。教师在布置作业时一定要重视学生之间的差异，分层次布置作业，这样的效果会更好。例如，对于学习能力强的学生，教师可以布置第 35 页的第 2 题，让其书面回答课后问题；对于学习能力较弱的学生，教师可以布置第 35 页的第 4 题，让其进行会话练习，掌握一些语言技能。

五、学生辅导环节

教师要清楚不同学生在学习中出现的不同问题，辅导学生时做到有的放矢。辅导学生是教师教学不可缺少的内容，辅导是查漏补缺，辅导学生的前提是了解学生掌握知识的情况。教师不仅应该了解学生的学习程度和学习能力，还应该了解学生的学习个性，这样的辅导才有针对性、实效性。

教师应该养成不断提出问题的教研习惯，懂得这是提高教学质量的基本要求。教师一定要撰写教学随笔，做一个善于提问、善于实践、善于提高的优秀教师。通过营造良好的教学探讨交流氛围，教师之间可以互相学习和借鉴，不断提高教学能力，共享教学成果。

总之，教师要积极参与教研活动，要有合作教研的团队精神。实现高效课堂的有效途径就是不断追求课前准备、课堂教学、课后小结、作业布置、学生辅导 5 个基本环节的有效性。教师只有在教学过程中不断反思，不断提出问题，才能获得教学乐趣，打造适合学生的高效课堂。

（2015 年 9 月发表于《中学课程辅导》）

从"同课异构"课中寻找英语教师专业发展的基点

——在"英华基金"靖远县小学英语教师教学能力提升研讨会上的点评和体会

2016 年 4 月 29 日，我参加了"英华基金"靖远县小学英语教师教学能力提升研讨会，聆听了"全国小学英语教师教学大赛一等奖获得者"兰州市七里河小学苗静老师和"白银市十佳新课改先进个人"靖远师范附属小学李岩云老师的英语"同课异构"课，内容是冀教版四年级下册"Lesson 13 How Old Are You?"。他们精彩的英语课展示，对学情、教材、教学过程的分析、自我评价和反思，使我受益匪浅。

苗老师的教学能力很强，她的课堂能启发学生质疑猜想，激发学生学习热情；李老师的课前准备很充分，她的课堂引导性、激励性强，能激发学生参与激情。课堂教学的有效性在这两位教师的课堂上体现得淋漓尽致。

一、准确把握教学活动的基本点

（一）把握课程标准和教材

无论课程怎么改革，钻研课标、把握教材始终是教学工作的根基。如果教师没有吃透课程标准和教材，领着学生绕圈子，那么很难引导学生有效学习。这不仅是教师基本功的欠缺，也是教师职业素养的欠缺。这两位教师在启发、引领学生掌握认知规律方面能面向全体，这样不仅培养了优等生，还精准扶教了学困生。

教师设计的学习目标要适度、明确。学生只有清楚了学习目标，才能积极配合教师，并在课堂上高效学习。苗老师明确课标，层层推进，内化学习内容，注重素质教育；李老师熟悉教材，过渡自然，突出巩固记忆，注重素质教育。

（二）培养学生的自学能力

为了学生的终身发展，新课标提倡学生自主、合作、探究学习，培养学生的自学能力，教给学生科学的学习方法。这两位教师主要通过教学基本环节的稳步推进来实现这一目标。苗老师的课堂启发多，使学生很自然地参与活动；李老师的课堂讲述多，引导学生自主学习。

二、开展校本教研活动的途径

第一个途径是教师"说教材"自评活动。通过"说教材"，这两位教师说出了自己对教材的理解和设想。他们亲切的问候使学生迅速融入英语课堂，并通过英语儿歌调动学生学习的积极性，营造良好的学习氛围，帮助学生复习关于月份和数字的单词；他们设计熟悉的话题，让学生进行讨论，旨在集中学生注意力，同时复习和巩固日期表达法；他们创设生日情境，让学生先与老师对话，然后过渡到与同伴对话，让学生身临其境。苗老师验证猜测，师生操练，巩固句型；李老师设计了猜年龄游戏，预测对话内容和年龄。此过程培养了学生的思考和表达能力，加深了学生对本节重点句型在具体语境下的运用的理解，体现了学生的主体地位。他们精心设计，反复讨论，烂熟于心。因此，教师在备课时，一定要"煮"教材，真正厘清教材的编写体系。

第二个途径是教师通过"同课异构"不同的教学设想，构建不同的课堂模式，改变学生的学习方式。以往的英语教研活动，你讲一段对话，他讲一篇材料，虽然都是讲英语教学，但是不同的内容没有强烈的可比性。事实上，不同的教师用不同的设想、不同的教学模式同样可以做好同一个教学活动，有效地完成同一个教学任务。"同课异构"活动能够帮助教师探讨更有效的教学模式，促进英语教师专业发展，提高英语教师的教学能力。教学有法，但无定法，贵在得法！

第三个途径是教师通过"课例分析"，认真反思教学效果，不断总结，逐步提高。这两位教师都能把握小学四年级整个学段的英语教材体系和内容，系统性地讲授一段对话、完成英语语言交际功能，认真研读课程标准并写出教材分析。这两位教师通过精彩的课堂展示彰显了各自的基本教学素养。他们把课标对对话课的基本要求、如何落实这些要求、语言表达能力的训练以一种逻辑线索串联起来，并把"Unit 3 All About Me"知识前后整合，使本节课蕴含的能力体系和价值体系得到了很好体现。在研讨过程中，苗老师对"思维导图"的科学利用做了详细解读和演示；关于"课堂教学模式"的设想，李老师认为地方文化影响着教学方法的生成和运用，学科教育思想深深地烙印在他们的大脑里。

教师要想做好"课例分析"，就得学会评课。教师评课时要找到一个点去研究和分析，学会评价教学目标、教材处理、教学程序、教学方法和手段、教师教学基本功、学生学法指导、学生英语语言能力的培养、师生课堂活动的配合、教学效果9个方面。这其实是一个提升教学能力、促进专业发展的过程。英语教师要会说课、会听课、会评课，这是做好学科教研，促进教师专业发展的有效途径。

三、诠释高效课堂的几个问题

什么样的课堂是高效的？部分教师对此没有概念，要等专家或领导的点评才能得知。其实，每个教师上完课后问自己以下问题，就知道自己的课堂是否高效了。

第一个是目标问题：这节课能让学生获得什么？

教学目标是教学质量的底线，一节课并非热闹就行，关键是让学生在知识、能力、价值观方面有所收获，教师不能讲到哪儿算哪儿，教学目标一定要明确。这两位教师的课堂自始至终体现着教学目标的落实，引领学生完成本节课的学习任务。苗老师从自我介绍、热身到复习数词，一直在引导学生操练"How old are you?"句型，积极完成教学目标；李老师设计了生日话题，引导学生提问出生日期，整个教学过程始终围绕学习任务的落实。

第二个是效率问题：用多长时间让学生有所收获？

课堂效率必须用时间说明，课堂如果离开了时间，就无所谓效率高低。同样的教学内容，有些教师课前不布置预习任务，课后不布置作业，课上解决全部问题，这是最高水平的课堂；有些教师的课堂华而不实，课前布置大量的预习任务，课后布置大量的作业，加重了学生的负担，这是违背教学规律的。"同课异构"活动前，有些教师与学生演练了4个课时，有些教师与学生演练了2个课时，而有些教师只与学生演练了几分钟，学生就完成了自己的学习任务，这就是效率问题。苗老师只在课前几分钟了解了学生的基本情况就开始上课，课堂上教师与学生的互动自然和谐。

第三个是方法问题：如何让学生有所收获？

教学目标的完成方法有很多，方法不同，效果也不同。教师要理性处理"素质"与"应试"之间的关系，如果教师以讲授为主，过分注重学生做练习题，那么学生不用探究就能获得书本上的知识，不利于其自学能力的提高。

苗老师出示图片，让学生猜年龄并练习句式"How old are you?"；李老师通过回顾月份、猜生日的方法让学生掌握句式"How old are you?"。他们的这些方法都能让学生快速掌握知识。

第四个是达标问题：如何知道多少学生达标了？

课堂是否高效主要取决于学生的达标程度，这是教育公平的体现。每个学生的能力和价值观有差别，但基本的知识和技能是每个学生都应该具备的。教师应该借鉴一下苗老师82人次回答问题的课堂、李老师68人次回答问题的课堂。这两位教师成功地让全体学生听懂并说出"How old are you?""When is your birthday?"句式以及相关答语，使学生迅速掌握了年龄和生日的表达方式，并能顺畅交流。

总之，英语教师的职责就是培养学生积极参与课堂学习活动的兴趣，提高学生的学习能力。教师要从"同课异构"课中寻找英语教师专业发展的基点，这是我参加培训活动的最大收获。一线英语教师应该把课改理念、先进的教学思想、小组合作学习模式、"同课异构"课的教学评价方式带入课堂，学会说课、听课和评课，这样才能体现出"送教到县"的深刻含义，以及教师教学能力提升培训具有的正能量。

（2016年4月29日发表于《靖远教育》第2期）

签单式认定，课时化管理

——浅谈教师工作量认定

我读了一些关于教师队伍管理的书籍，其中对"管理"的解读很多，如"管"就是"堵和疏"，"理"就是"讲道理"。我认为管理离不开评价，评价离不开数据。教师的绩效工资考核、年终考核、晋升职称等方面要有一些科学、合理的评价依据，这些依据要有说服力，既体现学校管理的主观意志，又符合校情，更重要的是教师认可并接受学校制定的评价管理制度。

学校的核心竞争力可以体现为多个方面，如行政队伍、师资队伍、学校文化、办学特色等，规范化管理则是学校核心竞争力的基本要素。学校管理必须制度化、标准化。

教师考核的核心制度应当是《教师年终考核制度》《教师职称评聘制度》和《绩效工资分配制度》，工作量、业务培训、教学教研活动、课堂要求、学科规范、教师行为、职工的事假等都需要相关的制度和标准，并与各级主管部门的政策法规相吻合。

做好教师工作量认定工作是教师管理评价的第一步，也是充分调动教师工作积极性、主动性和创造性的途径之一，更是学校规范化管理的体现。

工作量是教师各项评价的基本依据。我在学校承担教师队伍管理工作时，大胆提出了一种工作量认定模式，即"签单式认定，课时化管理"。

一、基本工作量

教师工作量实行课时化管理，学科教师和其他工作人员全部纳入课时化管理。根据学校工作量和教师人数，教师基本工作量为一周 12 课时。

二、工作量认定

学科课时认定：音乐、美术、健康、写字、计算机 1 节课为 1 课时；思想品德、历史、地理、生物、体育 1 节课为 1.1 课时；物理、化学 1 节课为 1.15 课时；语文、数学、英语 1 节课为 1.2 课时。各学科确定的课时数包含教案、作业等。各学科都有其重要性，虽然定量有差距，但是差距不能太大。

班主任早读 1 节课为 0.5 课时，语文、英语早自习 1 节课为 0.8 课时，政治、历史、地理、生物晚背 1 节课为 1 课时，晚自习辅导 1 节课为 1.5 课时。

行政人员、各处室负责人承担学校复杂的工作，每周工作量认定为 5 课时；领导值班每周 1 课时；教研组长每周 2 课时；学科组长每周 1 课时；教研组长兼学科组长按 2 课时计，不累计；按照有关文件规定和学校实际情况，卫生保健人员、财务会计、文印室工作人员工作量按周基本工作量计。

各处室、各部门具体工作量依据《学校各处室工作安排细则》工作清单执行。2017 年秋季学校各处周工作量认定：办公室 33.5 课时，教务处 80 课时，德育处 54 课时，团委 10 课时，总务处 70 课时，社团、技能 60 课时。教师可以到各处室、各部门签领相应工作量。

（一）办公室周工作量（33.5课时）

各处室制订工作计划、总结资料，各处室周活动资料收集（2课时）；职称晋升，岗位设置，工资档案管理（3课时）；学校各种文件材料的领取和上报，学校通知的发放（2课时）；学校摄影及编辑工作（2课时）；学校各类荣誉申报、领取，教师职称、评优表格上报与管理（2课时）；学校各种文件材料的发放、整理和装订（1课时）；收集各职能部门的档案资料，参与档案建设（1.5课时）；学校档案室建设与管理（5课时）……

（二）教务处周工作量（80课时）

教务处资料收集、档案建设（3课时）；学生休学、转学资料管理，学生建档上传报表（1课时）；普九档案建设、各类报表（1课时）；过程性评价，课课清，小组档案，学生评价手册收发管理（1课时）；九年级毕业生会考相关信息的收集、管理（1课时）；各种考试成绩的录入、分析换算，存档（2课时）；安排考场、监考、阅卷、参与考务（2课时）；收集集体备课资料，备案存档（3课时）……

（三）德育处周工作量（54课时）

制订学校德育工作计划，学期、年度工作总结（0.5课时）；德育处各种活动、会议记录（0.5课时）；各种检查资料的汇总、收集和归档（1课时）；德育处资料收集、档案建设（3课时）；德育处档案室环境美化、安全管理（0.5课时）；《学校告家长书》《家校联系书》的制定、发放、收集、整理（1课时）；各处室细节工作衔接与沟通、复印相关处室资料（0.5课时）；班主任工作考核数据制表与统计（1课时）……

（四）团委周工作量（10课时）

团务档案资料收集（0.5课时）；团委活动资料收集（1课时）；学生入团、转团资料收集（0.5课时）；上级文件执行与材料上交（0.5课时）；资料收集（0.5课时）；校园环境卫生管理、学生会管理（3课时）；创城工作、虚拟专门学校建设（2课时）；参与学校运动会（0.5课时）……

（五）总务处周工作量（70课时）

校产管理（2课时）；卫生工具、办公用品、作业本配发（2课时）；劳动工具发放、桌凳管理（1课时）；教学用品发放（1课时）；维修水龙头、PPR水管、水阀（1课时）；疏通下水管道、厕所排水管道（3课时）；维修照明灯、开关、插座、线路（3课时）；供暖管理（4课时）……

（六）社团、技能周工作量（60课时）

学生健康体质测试（4课时）；早操、课间操跟班，韵律操（8课时）；学校运动会、大型演出活动排练组织（18课时）；校报整理、编辑、出版（6课时）；篮球社团（2课时）；乒乓球社团（2课时）；田径社团（2课时）；足球社团（2课时）……

三、工作量评价

在《教师绩效工资考核实施方案》中，教师工作量必须达到学校确定的基本工作量，对于超出基本工作量的教师，学校给予绩效工资奖励；对于基本工作量不足的教师，学校按照每课时8元的标准扣除其绩效工资，一学期按16周计算。在《教师年终考核实施方案》中，教师周工作量按课时量积分，1课时积1分，最高权重积分为20分。在《教师年度评优选先实施方案》中，教师工作量按周课时量积分，1课时积1分，最高权重积分为25分。

制度的制定和完善体现着管理者的能力和水平，同时反映着集体的智慧和力量。好的制度会让全体教师认同，因此制度的出台应当是管理者草拟后集体讨论的结果，闭门造车的制度是走不出办公室的。

"签单式认定，课时化管理"的教师评价模式对教师工作量做出了具体认定，使学校管理更加科学合理、公正公平，为学校《教师绩效工资考核实施方案》《教师年终考核实施方案》《教师晋升职称实施方案》等提供了强有力的评价依据。《教师工作量认定办法》将与《教师出勤、请假制度》《教师教学成绩评价实施方案》《教师年度评优选先实施方案》等一起形成教师规范化评价管理模式，确保学校管理达到更高的层面。

（2017年10月发表于《靖远教育》第5期）

落实教师考勤制度，建立学校管理体系

——浅析学校教师出勤、请假制度

　　我所在的学校是一所"年轻"的学校，2011年建校，教师都是从其他学校选拔过来的优秀教师，都有10年以上的工作经历，受到了一定的文化熏陶和影响，形成了自己的教育文化和职业文化。

　　学校在规范化管理时经常遇到一些难以解决的问题。个别教师因"特殊"情况不能到校正常上班，这不仅影响教师绩效工资管理的具体实施，还会让正常上班的教师产生不平衡心理。另外，个别教师一旦晋升高一级专业技术职务，就不想再多做工作，不愿意承担班主任工作。这些现象影响了教师的工作积极性，同时成了学校各项评价的绊脚石。部分教师表面上情绪很稳定，实际上他们把这种积怨逐渐变成了困惑和无奈，对教师职业产生了倦怠情绪。

　　随着教育行政部门纠正学校管理不正之风，规范学校办学行为力度的逐步加大，学校管理者不断反思教师管理中存在的具体问题，寻找合理、科学、公正、公平的管理方法。落实教师考勤制度，建立学校管理体系，这样能保证正常的教育教学秩序，提高教育教学质量。

　　学校发展五年靠领导，十年靠制度，百年靠文化。目前，学校管理还处于制度管理阶段，正在逐步形成具有特色的学校制度文化体系。出勤、请假制度是这一体系中的重要环节。

一、请假规定合情合理

　　教师的考勤管理应做到常态化，教师的正常工作行为有了标准，考勤管理只是一种管理手段和方式，目的不是扣除绩效工资和年终积分，而是让教师积极投入工作中。因此，学校在确定标准时一定要有"度"。教师临时离校2小时以内，自行调整课程，到主管处请假，做好书面记录，领取离校凭证，累计5次记1天事假；教师离校3天（含3天）以内，须向主管领导请假，持回执与教务处联系处理相应课程；教师离校3天以上，须向校长请假。学校召开会议或组织活动，教师缺席2次记事假0.5天。未请假而擅自离校或委托他人请假但事后未补办手续的教师按旷工处理。教师参加培训前必须自行调整好至少 3 天的课程，并将课程安排事宜上报教务处。

学校按国家规定给予教师婚假或产假，超过规定日期按事假处理；教师直系亲属亡故，学校按规定给予教师丧假，期限直至埋葬后三日，超出规定日期按事假处理；非直系亲属亡故，允许教师请假 1 天，超过 1 天按事假处理。

学校要时刻关注教师的生活和身体健康，在人文关怀的前提下，规范化管理教师行为。主管领导要经常和教师交流，了解和掌握教师的家庭情况，客观公正、协调平稳地管理教师队伍。

二、考核评价有理有据

教师的考勤管理要从每次签到抓起，不留任何细节上的疏漏。在这一方面，主管领导要抓细抓实。

教师的考勤考核工作要做细做实，有理有据。在绩效工资考核方面，事假 1 天扣 40 元，病假 1 天扣 20 元，如果教师能自行安排所带课程并承担其他工作，事假 1 天扣 20 元，病假 1 天扣 10 元；迟到、早退、未签到 1 次扣 5 元；学校统一组织的各种会议、活动，缺席 1 次扣 20 元；查岗时缺席 1 次扣 50 元；期中、期末考试监考期间，事假 1 天扣 80 元，病假 1 天扣 40 元。一学期旷职累计 3 个工作日者，解除聘用合同；年终考核结果为合格等次以下者、一学期请假 2 个月以上者不享受奖励性绩效工资。

在《教师年度评优选先实施方案》中，请假 1 天，扣 0.5 分；迟到、早退、未签到 1 次扣 0.1 分。最高权重积分为 10 分。

在《教师年终考核实施方案》中，学校统一组织的各种会议、活动，缺席 1 次扣 0.3 分；查岗时，缺席 1 次扣 2 分；期中、期末考试监考期间，请假 1 天，扣 0.8 分。最高权重积分为 20 分。

在《教师晋升职称实施方案》中，近 3 年，教师每学期满勤积 0.5 分。最高权重积分为 3 分。

三、教师参与考核管理

科学管理就是努力做到管理制度化、规范化，制定科学的、符合实际的、具体的规章制度。制度的形成、实施离不开广泛宣传和诠释，更离不开全体教师的参与。在教师出勤、请假制度形成初稿以后，管理人员要在教职工会议上做宣传和解读，分别召集教研组长、班主任一起交流研讨制度的合理性和可操作性，并与部分教师探讨制度的实用性，接纳合理建议，采用民主的方法不断对制度进行修改，使之更科学、更完善。在制度执行过程中，学校要实行民主监督，避免个人观点的局限性和不合理性，避免出现期末考核时，既没有平时考核的具体数据，又没有具体标准，凭印象考核的局面。

教师认同制度的实用性和合理性是一个长期的过程。如果教师对制度的满意度高，乐于接受，学校就可以决策并实施。学校每月向全校公示教师的出勤数据，力求公正、公平、公开。

制度的实施与教师的绩效工资、年度考核、评优选先紧密关联。在严格的制度面前，人人平等。《教师出勤、请假制度》将与《教师工作量认定办法》《教师教学成绩评价实施方案》《教师年终考核实施方案》《教师晋升职称实施方案》《教师年度评优选先实施方案》等一起形成学校的制度管理体系。制度管理文化为学校的发展奠定了坚实的基础。

总之，管理者要学会实践并反思，逐渐产生一种教育实践智慧，悟出一些教育实践真谛，形成一种管理思想，找到一种管理文化。因此，落实教师考勤制度，建立学校管理体系尤为重要。

（2017 年 12 月发表于《靖远教育》第 6 期）

初中英语教学情境创设的理论研究

传统的教学方法较单调，很多学生对英语的学习兴致不高，甚至产生了抵触情绪，这在一定程度上阻碍了教学质量与教学效率的提高。基于此种情况，广大初中英语教师开始凝思聚智，经深思熟虑后，决定将情境教学法引入初中英语课堂中。情境教学旨在改变学生脱离语境的知识学习，将知识学习与技能发展融入主题、语境、语篇和语用中，从而促进学生文化理解、思维品质和核心素养的形成。因此，在教学过程中，教师应该合理创设教学情境，帮助学生学到更多、更好的知识。

一、教学情境创设的重要性

（一）激发阅读兴趣，提高阅读效率

很多学生对外语的学习有着天生的畏惧心理，他们很少主动进行英语阅

读，难以实现与作者、书中的人物对话。情境教学法的出现有效改变了这种情况，使课堂变得生动有趣，且在具体的教学情境中，学生的学习兴趣变得非常高。在这样的课堂氛围中，学生自觉地投入学习中，有效提高了阅读效率。

（二）培养英语素养，升华精神境界

在传统的教学理念下，英语教学的目的是提升学生的考试成绩。因此，在教学中，部分教师忽略了情感体验与生活感悟，使得学生与语言学习之间的距离越来越远。这对培养学生的英语素养非常不利。

教师可以在课堂教学中依据教学内容为学生设计相应的教学情境，让学生深入体会英语的魅力，将学习与生活紧密结合，从而培养自身的英语素养。

二、教学情境创设的主要方法

情境的创设要根据具体的教学内容进行。不同的单元有不同的学习主题，教师应紧紧把握单元主题，保证情境创设的有效性。除此之外，情境创设也要兼顾学生的认知水平和能力，使学生便于接受和理解。

（一）语言表述法

初中英语教材的每个单元都有相应的主题，这些主题一般与学生的生活有一定的联系，往往与某种生活现象和某个话题有关。在教学过程中，教师可以穿插一些与生活相关的寓言故事等，借助语言表述的方式，准确地传达本节英语课讲授的主题，激发学生的学习兴趣，提高其语言感知能力。

（二）画面展示法

画面展示以直观的方式呈现现实生活场景，有助于学生更好地进行口语交际。多媒体技术在教学中已经有着十分广泛的应用。初中英语教师应该充分利用这一技术优势，通过生动的视频，以及色彩突出的图片，给予学生强烈的视觉刺激，抓住他们的目光，使其积极主动地参与课堂互动。

（三）问题设计法

在讲授某些具体的英语知识时，英语教师可以设计巧妙的问题，让学生带着思考进入学习，激发学生独立思考的能力，引导学生主动分析问题、解决问题，发挥学生在课堂学习中的主体作用，实现素质教育要求的教育目标。

三、教学情境创设的主要内容

（一）创设实物情境，化抽象为具体

与生活相关的单词、短语、对话在初中英语教材中随处可见，尤其是低年级的教材。初中阶段的单词记忆难度和数量比小学阶段有了明显的提升。因此，教师可以将一些实物带进课堂，通过实物的联系，降低单词记忆的难度。对于涉及人物关系、生活现实的词汇，教师可以通过生活气息较为浓厚的逻辑分析，在黑板上描述归纳，带给学生直观的学习体验，提高学生的学习效率。

（二）创设生活情境，让学生参与其中

作为一门语言，英语具有很强的实用性。英语教材内容大都建构在真实的生活场景之上，具有很强的交际性。情境教学将语言的学习置于具体的情境之下，为学生营造了浓厚的语言氛围。因此，教师可以在教学中创设生活情境，以此呈现教学内容，使学生在观赏过程中不自觉地进入故事，激发学生的求知欲望。

总而言之，情境教学对学生的语言学习具有积极作用，教师应该紧跟时代步伐，不断更新和完善自己的教学观念，强化情境教学的能力，打造更为优质的初中英语课堂，真正促进学生的发展。

（2020 年 4 月发表于《科学导报》第 7 期）

第二章　教师成长第二历程：走进培训

——在学习和研训中提升，在实践和历练中成长

　　教师通过培训学习提升自己的教育教学能力和管理水平，在教育工作中力求完美。培训学习的意义在于开阔教师的眼界，让教师从平常的枯燥烦琐的事务中暂时解放出来，放松紧张身体，颐养疲惫灵魂，润泽干枯思想。教师在学习中增加知识储量，在研讨中更新教育教学观念。参加培训是教师成长过程中的重要历程。

　　名师交流探讨可以验证教师的课堂教学和专业发展方向是否正确。教师会满怀信心地继续坚持正确的教育理念，并使之臻于完善，同时教师会毅然决然地摒弃错误的观点，并及时调整努力的方向。在教育教学中，走得慢并不可怕，可怕的是走错方向，渐行渐远而浑然不知。

　　培训学习能帮助教师发现并矫正课堂教学和专业发展中出现的问题。在日常教学中，一些教师只注重结果而不注重过程，忽视了学生动手能力的培养；总是用80%的精力去做20%的事，以致身陷"忙乱"中不能自拔。教师长期奋斗在一线，繁重的教育教学任务让其疲惫不堪，渐渐地与教育教学发展前沿动态脱节，教师培训则帮助教师顺利完成这种接轨，从而保证了教育教学思想的及时更新。

　　那么，教师培训应该做些什么呢？教师要做好培训学习记录，梳理学习的重点内容，提炼精华。教师要在学习和研训中不断提升，在实践和历练中自我成长，写好培训学习心得。

青浦教改艰辛推行，目标教学培养能力

——上海市"青浦教学经验"培训学习纪实

1990 年 1 月 12 日至 2 月 10 日，我参加了白银市教育局组织的学习上海市"青浦教学经验"教材教法及教学改革研讨培训。当时全市只有 16 名英语教师参加培训，观看了 100 多盘录有"目标教学"课堂的录像带。

一、围绕学科教学，提高教学质量

1977 年，邓小平提出："尊重知识，尊重人才。"上海市青浦县（现为青浦区）教研室对 4 373 名中学毕业生进行了数学摸底考查：总平均分为 11.1 分，零分者占总人数 23.5%，及格率仅为 2.8%，2/3 的学生不熟悉分数运算、简单的几何证明题。

在一所乡村中学，教师正在上课，正巧有一辆拖拉机从远处的耕地驶过，于是学生将视线转向了窗外。可见，学生上课注意力不集中的情况仍然存在。

抱着"十步之内，必有芳草"的信念，教改实验组跑遍了全县所有乡镇中学，向经验丰富的教师学习，通过听课、座谈、讨论等方式，搜集到大量成熟的教学经验，继而归纳出有效的举措，在后来的实验中予以确认。

教育科研是一件十分艰苦的事。时间长，见效慢，难度大，工作苦。教师要发扬坚韧不拔、埋头苦干的求实精神。教育科研容不得半点儿虚假，没有捷径可走。没有脚踏实地的科学态度，教师不可能在教改进程中做出成绩！

1988 年，青浦县开始探索课程领域，在教学中渗透"让所有学生有效学习"的指导思想，提出农村学校综合改革的课程方案，在实验中提出"活动—发展"的课程结构。课程包括教学、专题学习、综合活动等多种形态，着眼于学生发展，强调课程与学习融为一体。

二、教学研究回归本源，课堂与教师成为关键

1999 年 6 月，《中共中央国务院关于深化教育改革全面推进素质教育的决定》提出："调整和改革课程体系、结构、内容，建立新的基础教育课程体系。"2001 年 5 月 29 日，《国务院关于基础教育改革与发展的决定》明确

了"加快构建符合素质教育要求的新的基础教育课程体系"的任务。课程改革涉及课程功能的转变、课程结构的改革、课程内容的改革、学习方式与教学评价的改革。

教育改革的行动纲要应以学生发展为本，中小学教育不仅要为学生提供基本素质的培育，还要为学生走向社会奠定基础。教育专家提出培养不出优秀教师的原因包括两方面：一是教师职业水平的提高与教师地位的上升不匹配；二是压力大。

2007年，青浦教育的大样本调查表明，上海市两轮课改之后，教师的教育教学理念明显提升，从课堂观察的视角来看，教师关注的重心发生了深刻的变化。学生的学习实效显著提高，学生的操作、概念性记忆水平大幅度提高，领会性理解水平的目标已基本达成。

青浦教改成果包括目标要求、内容组织、师生配合、教法灵活，经历了从1982年概念教学到2007年能力培养的发展过程。在这期间，我参加了长达30多天的培训学习，感悟很深，受益匪浅。青浦教学模式比较重视教师的教学目标和学生的学习目标，让学生动起来配合教师，共同参与高度融合的教与学活动，既培养了学生的学习能力、提高了学生的学习成绩，又推进了教师专业能力的提升。

理解"北大附中极速英语"精髓，寻找英语学习有效捷径

——北京大学附属中学"构件英语"高中英语教师培训心得

2003年12月20日至2004年1月4日，我参加了北京大学附属中学（以下简称"北大附中"）"构件英语"高中英语教师培训，认真学习了高中英语学习的捷径，感悟到"极速英语"对学生学习很有帮助。

极速英语推出后，得到了一线英语教师的高度认同，随后在部分学校的应用中取得了惊人的效果，这引起了中小学英语教育界的轰动。全国各地的校长、教师在信服的同时，深切关注极速英语是如何快速提高学生英语成绩的。

确切说，"北大附中极速英语高效学习法"为学生找到了一条有效的途径。结合中学教学改革的趋势及英语教学大纲的标准，"北大附中极速英语"

项目的专家针对中学生的学习特点及学习要求，提出了"先积累知识，后训练技能"的学习思路，将英语知识分为词汇、语法、阅读、听说、写作五大板块，先按照规律集中突击词汇、语法知识，再按照板块快速熟练读、写、听、说的技能，降低学习难度，缩短学习周期，提高学习效率。

从教学方法上讲，板块速记、一气呵成、重点突破、应用提高就是极速英语的教学精髓。

一、板块速记

北大附中极速英语的基础是"构件式拼装法"。100 余位英语教学专家通过对英语语言自身的结构规律和学习规律的总结，把英语学习有机地分成词汇、语法、阅读、听力、写作五大板块。在各个板块中，中学英语学习知识点浓缩成一个个"知识构件"，每个知识构件有其自身的特点，每个构件之间又有共同的特征。在教学中，教师应该指导学生先了解构件的特征，然后将这些构件成块拼装，使学生融会贯通，批量掌握，达到快速提高英语成绩的效果。

例如，在词汇教学环节，教师让学生按照词形同一、读音同一、词义同一、多义用法、词组固化等规律分类记忆；在语法教学环节，教师为学生提供"两把金钥匙"，彻底打开时态、语态、语气等英语语法的"迷宫"；在阅读教学环节，教师只教会学生 20 个句型，学生举一反三，快速阅读各种各样的英语材料。

二、一气呵成

只有英语学习过程一气呵成，学生才能真正省时省力。因此，在教材内容设计上，教师应根据学生的学习特点和记忆特点，在保证学生学习兴趣的前提下，通过科学量化的课时设计和合理的课程密度安排，让学生在一个集中的时间段内，一鼓作气，完成极速英语的学习，这样可以节约多年一贯的漫长的英语学习时间。

三、重点突破

学生如果想要学好英语，必须打好基础，找到突破的重点。完成极速英语词汇、语法部分的学习后，凭借坚实的英语基础，学生开始更深层次的学习。以"视能＋语能＋才能＋智能"为学习导向的极速英语阅读教法、围绕"句子＋段落＋篇章"框架的写作训练、轻松实现口语"三级跳"的听说技能提高，这三大突破性板块课程，在读、写、听、说技能方面，引领学生进入更高层次的知识体系。学生可以在教师的指导下，根据个人的喜好特点、需求倾向，选择重点，先单项突破，再带动其他，从而实现英语水平的提高。

四、应用提高

任何知识都必须经过应用阶段的反复练习才能得心应手。通过运用极速英语倡导的板块速记、重点突破等方法，学生在达到一定的英语基础后，立即进入应用状态。在极速英语教育体系的指导下，学生通过大量的应用实践培养出英语的语感、工具感和成就感，最终实现从单纯的英语学习到熟练的语言工具的转换。此外，专门为学生提供的北大附中网校学习卡，可以帮助学生获得更丰富的英语教育资源，便于学生充分利用课外时间进行充电，不断提高英语水平，感受"英语速学"的快乐，享受成功的愉悦！

经过一段时间的应用普及，使用极速英语教学方法的学校取得了丰硕的成果。无论学校、教师、学生还是家长，都深深地感受到了极速英语带给他们的显著收益。

对学校而言，极速英语的到来，给学校英语教学带来了深层次变革和巨大成效。由于学生英语成绩普遍提高，学校的知名度进一步提高了，省内外很多学校都到校取经。优秀的生源结构和良好的招生结果使学校的办学经费得到了充实，为学校与优秀教育资源的合作，以及教育教学质量的提高打下了坚实的基础。

对教师而言，极速英语提高了他们的教学水平，拓宽了他们的视野，丰富了他们的信息。教师通过教育专家的培训，以及与其他学校教师的交流学习，内化思想，外转行动，从教学理念到教学方法都有了灵活的转变。这种转变会使教师更适应新课改的发展，更敢于接受新课改的挑战，更好地提高教育教学质量。

对家长而言，孩子学习成绩的提高使其对学校越来越有信心。教师、学校在家长心目中的地位日益提升。一位家长说："以前孩子的英语成绩一直上不去，我们也很着急，为了孩子的学习还和老师产生了矛盾。随着北大附中极速英语教学计划的开展，孩子的英语一天天好了起来，英语课堂活跃了，孩子的成绩提高了。我们非常感谢学校，感谢极速英语，感谢英语老师。"

对学生而言，他们是极速英语的受益者。以长春市第四十八中学为例，自从学校引进北大附中极速英语，通过一个学期的尝试、探索，学生在英语学习状态、学习成绩、实际应用能力方面发生了根本性变化。学生的词汇量迅速上升，学生的英语综合运用能力大幅度提高，学生学习英语的兴趣越来越浓。

（2004 年 1 月 12 日）

学习法治教育知识，解决学校矛盾问题

——参加陕西师范大学中小学校长法治教育专题培训心得

2013 年 12 月 16 日至 20 日，我参加了陕西师范大学"国培计划"中小学校长、骨干教师法治教育专题培训，深刻认识到法治教育是学校教育工作的重要组成部分，法治教育、依法治校与精神文明建设是培养合格人才的有力保障。未成年学生明辨是非能力差，心理不成熟，可塑性强，如果学校对未成年学生的法治教育不到位，未成年学生的犯罪率会上升。学校是未成年学生学习知识的第一阵地，加强学校的法治教育是预防未成年学生犯罪的有效方法。目前，学校在依法治校和教育教学工作过程中，仍然存在一些问题。

一、法治教育存在的问题

（一）学校没有法律专业的教师

法律知识课的教师多为政治教师，很多政治教师没有接触过法律，自身的法律意识和教学方法存在不足，只能进行框架式教学，缺乏案例和灵活性。这样的法律课成了知识讲授课，难以激发学生的学习兴趣。

（二）法治教育只限于校园内

受升学考试影响，部分学校只重视提高升学考试科目的教学质量，而忽视了学生思想品德教育和学生养成教育，法治教育只限在校园内开展。这些学校认为召开一次法治教育大会就够了，很少让学生出去参观学习，造成学校教育和家庭教育、社会教育的脱节。这样做不利于增强未成年学生的法治观念。

（三）家长学校只有形式，没有内容

部分学校和家长沟通不及时、不到位，且学生家长法律意识淡薄。学生纠纷、伤害事件增多，学生旷课、逃学现象频繁出现，学校解决学生违法违纪案例能力不够，家长来校纠缠不清，严重影响和干扰正常的教育教学工作。

二、法治教育问题的解决方法

学校可以编写一套完整而系统的法律校本教材。我国的法律已形成较为完善的体系，教育部门应该组织力量，根据未成年学生成长发育的特点和认知接受能力，编写一套教育学生的法律教材，使未成年学生法治教育系统化、持续化。例如，对于小学生，学校可用连环画的形式编写法律校本教材，让他们初步建立法律观念；对于中学生，学校可采取文字和案例相结合的方式编写法律校本教材，让他们逐步形成法律意识。

学校可以录用一些法律专业的毕业生到校任教。他们的法律意识比较强，理论功底深厚，能够更好地诠释法律，并且在教学中运用法律知识为学生提供案例教学和形象教学，以案说法、以例释法，化抽象为具体，变枯燥为生动，避免了框架式教学。学校不必每周安排很多法治课程，学校有一至两名法律教师就可以了，这样不会过多地增加学校的负担。

法治教育是一项系统工程。除学校外，政法、综治等部门和学生家长也要积极配合未成年学生教育，加强家长学校的工作落实管理，召开家长座谈会，培养家长的法治观念，同时把教师的课堂教学和课外实践活动结合起来，适当安排一些课外活动，除了组织法治专题讲座、法律部门以案讲法、法律知识竞赛外，还应该组织学生参观拘留所、看守所，参观法院审判现场等，让学生不仅用头脑记忆法律，还用眼睛看法律，用耳朵听法律，在各种活动中增强他们的法治观念。

三、学校应该紧抓的工作

（一）重视依法治校，健全普法机构

学校可以成立"依法治校领导小组"，校长任组长，主管校长任副组长，德育处负责具体工作安排，将普法工作纳入学校行政议事日程，做到统一部署、统一检查。普法是一项政策性、知识性、实践性很强的工作，难度大、

任务艰巨，单靠一个部门或一种形式的宣传是难以奏效的，学校各部门必须通力协作，发挥各自优势，齐抓共管，形成合力。学校德育处成立"心理咨询室"，对违纪违法学生进行及时的教育、指正和疏导。学校聘请派出所所长担任法治副校长、派出所指导员担任学校法律顾问，按学校计划为学生做好法治教育辅导工作。

（二）开展法治教育，营造普法氛围

深入学习宣传依法治国、建设社会主义法治国家的基本方略；宣传与全体师生教育教学、生活密切相关的法律法规，努力提高全体师生的法律意识；宣传维护社会稳定的法律法规，为普法教育营造浓厚的舆论氛围。

（三）营造良好氛围，促使学生懂法

受中学生年龄、家庭环境、文化水平等的限制，普法工作有一定难度。鉴于此，学校普法领导小组采取"四结合"的方式对学生进行普法教育，即课堂学法与集会演讲相结合、学法与文娱活动相结合、学法与演练相结合、学法与社会实践相结合。中学生人手一册《学生安全须知》《学生自我防范安全常识》，学校为每个班级分发一本《消防法、道路交通管理条例、教育法律法规规章汇编》，创设浓厚的宣传氛围，即"八个一活动"：学校每月出版一期法治专栏，学校每学期举办一次法律讲座，学校每学期召开一次法治主题班会，学生每年参加一次普法实践，学校每学期出一期法治板报，学生参加一次法治征文，学生阅读一本法律书籍，学校每学年播放一次法治教育实况录像。

（四）提高学法意识，建立用法制度

学校采取集中培训和个人自学相结合的方法，逐步建立教职工学法情况登记考核、奖惩等制度。学校应注重培养教师的权利义务观，增强教师自觉遵纪守法、维护自身合法权益以及民主参与、民主监督的意识，坚持法治教育与实践相结合，推进依法治校各项工作的良好运行，形成开拓进取的德治环境，促进精神文明建设，保证全体师生的学法落实到位。

（五）学习各项法规，普法深入人心

学校每学期至少举办一次专题讲座，每月组织教职工学法一次，并形成制度，行政部门的负责人学习专业法律法规，提高依法办事、依法行政水

平。法治副校长或专职普法人员来校讲座，全体师生学习基本法，如《中华人民共和国宪法》《中华人民共和国刑法》《中华人民共和国民法典》《中华人民共和国义务教育法》《中华人民共和国未成年人保护法》等，组织普法测试、有奖竞赛、智力竞赛等活动。

（六）加强法治教育，保护学生权益

加强法治教育与思想道德教育的结合、依法治校与以德治校的结合，形成有法可依、有法必依、执法必严、违法必究的法治环境。根据青少年的特点，学校可有针对性地进行法律基础知识教育，结合各学科教育教学实际，加强《中华人民共和国未成年人保护法》《中华人民共和国预防未成年人犯罪法》《中华人民共和国义务教育法》《中华人民共和国治安管理处罚条例》的宣传教育。学校还应积极开展警校共建活动，切实保护未成年学生的合法权益。

总之，学校的法治教育工作应本着从实际出发的原则，不断探索法治教育的有效途径，推动依法治校工作的开展。学校办学水平的高低，不仅取决于教育教学设施，还取决于教师教育教学理念、特色办学理念。这就要求教师认清自我、确定发展目标、树立终身学习理念、不断加强学习，学理论、勤反思、常实践，在学习中思考、在思考中实践、在实践中总结、在总结中发现，在学习和研训中提升，在实践和历练中成长。

（2013 年 12 月 25 日）

理性思考，因地制宜，合理借鉴

——观摩学习杜郎口中学发展模式

2014 年 5 月 22 日至 28 日，我参加了"全国初中管理创新、课堂模式改进、新课程体系构建教学策略优化研讨"培训。我随团来到了杜郎口中学——齐鲁教改星空升起的一颗耀眼的明星。杜郎口人以锲而不舍的求索精神，构建起一套新的课堂教学改革模式。他们的课堂教学模式的优势就是最大限度地调动学生的积极性和主动性，使学生成为课堂的中心，实现了课堂的高效演变。生搬硬套是危险的，因地制宜地选修"杜郎口"才是明智之举。

一、借鉴创新，聚焦实质

教师真正要学习的是杜郎口中学把学生推上主阵地的课堂改革实质，而非其外显形式。学习杜郎口中学发展模式不一定把讲台砸掉，不一定把课桌排成小组摊位式，不一定在教室的三面墙壁都挂上黑板，不一定非要套用"10+35"模式，而要因地制宜、有选择地学习和借鉴，批判地吸纳其精华，吸收对自己有用的东西，最终形成自己的特色。

杜郎口中学改革的勇气、创新的意识和探索的精神是超前的。学生早上五点半起床，晚上九点半休息，一天十二节课，这样强大的学习密度也许是取得成绩的重要原因之一，但这点不宜学。教师应将时间还给学生，将课堂还给学生。杜郎口中学对教师授课时间没有具体规定，而是允许教师灵活掌握，但要坚持"三不讲"原则：学生已经懂了的不讲，学生自己探究后能掌握的不讲，教师讲了学生也不懂的不讲。对于学生难以理解又必须掌握的内容，教师不仅要精讲，还要多讲。

每一位教师都有自己的教学特色和长处，教师需要向别人学习，但必须结合学校实际，机械地套用别人的模式，不懂借鉴与创新，到头来只能是"别人的亮点永远发光，自己的眼睛一直蒙蔽"。

二、关注互动，重视生成

"预习催生自信，自信繁衍成功，成功激活快乐。"这是杜郎口中学预习课的信念支点。从这个意义上说，剥夺学生预习的权利，就是剥夺学生的自信；剥夺学生的自信，就是剥夺学生的成功。预习、展示、反馈是杜郎口中学自主学习的三大模块。杜郎口中学将预习时间放在课内，独立成课，又有开放式的预习提纲引导（类似导学案），学生的积极性自然被调动起来了，自学能力不断提升。杜郎口课堂像超市，陶行知先生的"六大解放"思想在这里被贯彻得很到位，即解放儿童的嘴巴，解放儿童的空间，解放儿童的时间，解放儿童的眼睛，解放儿童的头脑，解放儿童的双手。其意义是让孩子有自信心、安全感、自由感。学生很自由——或站，或坐，或蹲，或倚，或不声不响，或大喊大叫。他们的每一个动作，每一个表情，都因学习而生，都为学习而发。孩子们不再是知识的容器，不再是分数的奴隶，而是一个个朝气蓬勃的生命体。在宽松和谐的气氛中，每个人都有灵动的思维、自主参与的强烈意识，课堂充满了成就感和幸福感。

杜郎口理论——所有学生的智慧点点滴滴加起来，就会形成一池水。坦率地说，杜郎口的课堂还可以走得更深远些。生生互动，的确形成了内流的河塘，但外源显然不充足。我有幸听取了八年级（3）班的语文课《都市精灵》，同学们三五成群，交谈着、展示着……突然间，同学们围绕"多一条黄河好不好"的话题争论起来；在九年级（8）班的教室里，学生正在讨论英语主动语态和被动语态的句式变化，学生对 be 动词形式变化讨论得很激烈，但对句式结构很模糊。孩子毕竟是孩子，足足争论了五六分钟。任课教师游走于学生之间，任凭学生争论，让人分明感觉到此刻的教师被"不要多讲""不要打断学生思维"的绳索捆绑着，张不了口！试想，此刻学生是多么需要教师站出来"指点迷津"，让人信服的"点石成金"是学生成长路上必需的甘泉雨露！

三、突出主体，重视提升

杜郎口课堂成功的一个显性标志就是学生有着非常高的参与度。当我把目光聚焦在教师身上时，总是隐隐地感觉到教师在课堂方面还有很大的提升空间，对学生提出的解题方法的思路分析还可以再深入些，学生提出几种解题方法后，教师还应该有针对性地引导学生分析哪一种是相对较好的。这就需要杜郎口中学教师进一步提高自己的综合素质。课堂上有些学生的点评已经很到位了，这时教师就不必再重复点评了，但可以进行"导评"，不只局限于知识本身，还可包括情感、态度、价值观，从而促进学生更深层次的思考。点拨可以体现一个教师的功底，但有些教师往往点不到要害，拨不到关键弦，学生依然被迷雾笼罩；有些教师拨得很到位，点得很巧妙，寥寥数语，以一当十，学生茅塞顿开。

"教学有法，教无定法，贵在得法。"再好的教法不一定适用于每一位教师，每一位教师也不一定适应某种指定教法。在不断批判"把学生当成学习机器"的现今，又有谁希望教师沦为"教书的机器"呢？学生的真正成长建立在教师专业化的基础上，而专业化必然意味着大量的阅读积累、深度的实践以及持久的反思。

"把主动权交给学生""把时间还给学生""让学生真正成为课堂的主人"是当前流行的诸多教学模式均在推行的理念。的确，一种教育模式的推行，必定要有相应的教育生态环境与生存土壤，任何改革都应充分调动学生学习的积极性，但不能出现"浮躁"与"作秀"。

教师要合理借鉴杜郎口课堂成功的经验，努力提高自己的教育教学基本素养。具备先进的教育理念、深厚的知识积淀，善于开展探究性教学，善于引导学生开展研究性学习，能用科学的人生观、质量观评价学生的教师，才是在课堂教学中锻造出来的教育教学成功者。

（2014 年 6 月 10 日）

强化科研抓"评课"，制作微课推"翻转"

——参加甘肃省"金色教苑"乡村教师影子实践研训心得

2015 年 12 月 12 日至 20 日，我有幸参加了甘肃省"金色教苑"乡村教师影子实践研训，感谢白银市教育局和白银市第十一中学为我搭建了一个很好的学习平台，感谢培训基地学校王银山校长、王忠副校长的热情接待，感谢英语学科导师张莉主任、宋银燕对我的关心和帮助。

在紧张的 9 天研训时间里，我参加了基地学校为实施新课程改革开展的各种研讨与培训，聆听了教育专家和同行为我们做的精彩报告。教育科研、教学改革、推进高效课堂等方面的报告使我对新课程理念及新的教育思想、教学方法、学生学习方式形成过程的理解更加深刻，坚定了开展新课程教学研究、推进高效课堂的信念。

一、更新教学理念

我聆听了张掖市甘州区西街小学刘建瑛老师"教育科研是教师专业成长的有效途径"的主题讲座，刘建瑛老师展示了甘肃"陇原名师"渊博的学识风范，展现了一名普通教师教学研究、专业成长的教育追求，使我明白了教师心中必须有教学研究、专业成长的教育梦想。专业成长的经历恰恰是教师的一种成长锻炼，教育科研是一个学习、验证、锻炼的过程，只有经历了各种锻炼，教师才会有丰硕的收获。正如刘老师所说"教育科研伴我走到了今天""教师的短板就是没有课题""没有专业成长的教师，只是把课本上的知识复制到了学生的大脑里""教师要培养学生的思维能力"，教师一定要善于思考、勤于动笔、积极参与课题研究。

王银山校长做了关于"教师专业发展的途径和方法"的精彩讲座，他说："没有教师的发展就没有学生的发展，没有学生的发展就没有学校的发展；接受了教师职业，就要改变自己的心态，就要承担起教育的责任；坚持正能量，机遇是留给有准备的人的。"他的讲话很真诚，体现了其对教育职业的热衷。教师的专业成长和发展要从教研的每一个细节做起，只教不研，就会成为教死书的教书匠；只研不教，就会成为纸上谈兵的空谈者。

白银市第十一中学教师用高标准的课堂教学评价理论体系来指导教学研究的不断推进，通过对教学目标的完成、教材的科学处理、教学程序的合理安排、先进的教学方法和手段、扎实的教师基本功、良好的教学效果六个方面的科学评价，积极营造浓厚的"说课、上课、评课"教研氛围，体现了他们"科研兴教，教研促教"的严谨工作作风。值得反思的是，学校只注重教师听课数量，而忽略了"说课"和"评课"环节的重要性，这正是教师专业成长缓慢的重要原因。因此，教师应该在"说课"和"评课"中不断加强教学反思，注重教学理念的积累，边教边总结，边教边反思。

二、尝试"翻转课堂"

"翻转课堂"就是"先学后教，当堂训练"的教学模式。教师要激励学生课前学习，并评价学生的学习结果。北京市第四中学严春梅老师"教育信息化之翻转课堂"的报告使我理解了"翻转课堂"实际上就是课堂教学不能只注重课堂上的几个教学环节，更重要的是把课前的预习环节做充实，把二次备课做到位，通过检查学生对学案内容的掌握程度，对学生课前的自学情况进行科学、有激励性的评价，激发学生学习兴趣，在课堂上通过 PPT 课件、微课、"三通两平台"教育教学资源，引导学生积极参与课堂学习活动，使学生不断生成问题，并在教师的帮助下完成自己的学习目标。在二次备课中，教师能了解学生的学习情况，掌握学生存在的共性问题和个性问题，教师在课堂上只是"导演"，学生才是真正的"主演"。

在"翻转课堂"教与学的过程中，教师要参与"编写学案""评价自学""二次备课""课堂启发""辅导诠释""当堂检测"的引导过程；学生要参与"课前自学""信息收集""课堂展示""生成问题""课后巩固""成果自测"的学习过程。"教"与"学"双边活动做到完美的课堂，就是一节高效的"翻转课堂"。

我在 12 月 18 日给研训基地学校七年级（2）班上了一堂英语课，第一次尝试了"翻转课堂"，效果明显。"翻转课堂"将是今后课堂教学的一种发展趋势。课堂教学效率不高，是因为教师不能全过程地了解和掌握学生的学习情况，且在课堂上没有对学生进行合理的学习评价，很难激发学生的学习热情。那么，课堂的高效性体现在哪里？正如研训基地学校王银山校长所说，学生学得有趣、有效率的课堂就是一节高效课堂。因此，一线教师要不断更新教学理念，在教学研究方面付出更多的时间和精力，在教学中达到"教师教轻松，学生学快乐"的教育教学境界。

三、"信息化电子平板"教学设备使用常态化

信息化教学设备的使用几乎已经普及了每一所学校、每一个班级。在教育信息化时代，网络在学校教学活动中已经相当普及，教师应掌握多媒体教学技能，更好地开展教学。《下雨天，真好》这篇课文以"雨"为外线，以"思乡"为内线，描写了作者从童年到青年的各种雨天情趣。课堂上，蔡衡山老师特别注重学生与学生、学生与文本、学生与生活、学生与教师的对话，在学生充分接触文本的基础上，采用启发引导、合作讨论、探究交流等方法让学生之间、师生之间进行深入的对话交流，在对话、交流中构建课堂模式。朱红老师的"打折销售"课的难点是用一元一次方程解决实际问题，突破的关键是分析题目中的已知量、未知量，找出它们之间的等量关系，从而列出相应的一元一次方程。朱老师引导并教会学生用"一元一次方程应用"的"审、寻、设、列、解、验、答"方法来解决实际问题。两位教师都注重信息化教育教学资源的整合，将图片、文本及声音视频整合为一体，调动了学生的视听感官，激发了学生的学习兴趣。他们的课堂体现了教师的精神气质，且具有浓厚的"说课""评课"教研氛围。现代信息化教学技术使课堂教学活动更加生动，更加吸引学生，教学效果显著。

牛顿曾经说过："我之所以成功是因为我站在了巨人的肩膀上。"今天我之所以有这些点滴研训成果和心得，是因为我有了一次在教育教学能力方面提高的机会，白银市第十一中学教师严谨治学的教育示范精神鼓舞了我，激励了我。今后我会把"翻转课堂"作为教学改革的新起点，不断提高自己的教研水平，努力走向教育改革的新征程！

（2015 年 12 月 28 日）

倾听专家讲座，提升"师德修养"

——参加网络研训学习要点纪实

师德修养的内涵就是合理科学地教育学生，尊重学生，赞赏每一个学生的独特性，赞赏每一个学生取得的哪怕是极其微小的进步，赞赏每一个学生付出的努力和表现出来的善意。教师要处理好师德标准与家长心意之间的矛盾，处理好工作与家庭的关系，要淡泊名利。

教师职业的最大特点是培养、塑造新一代，教师自己的道德品质将直接影响下一代的成长。在教育活动过程中，教师既要把丰富的科学文化知识传授给学生，又要用自己的高尚人格影响学生、感化学生，促进学生身心健康发展。因此，教师必须有高尚的思想境界、纯洁美好的心灵。在工作中，教师要安贫乐教，甘于奉献，耐得住寂寞，经得住挫折，全身心地投入教学实践。

2016 年 1 月，北京师范大学高金英老师在"师德修养"问题答疑讲座中，提出了 4 个问题。

第 1 个问题：学生犯了错误，教师应该怎么办？

热爱一个学生就等于塑造一个学生；厌恶一个学生就等于毁掉一个学生。爱包括七大要素：理解、尊重、宽容、平等、关怀、给予、责任。讲话时教师要掌握分寸，尽量发现学生的闪光点，找到激励学生的依据，对于个别学生的错误，教师要留有余地；教师的批评要让学生接受。

第 2 个问题：如何在不违反师德修养的情况下教育调皮的学生？

她讲道："一个知识不全的人可以用道德去弥补，而一个道德不全的人难以用知识去弥补。"师德的基本内涵是教师能力、人格、价值观三大维度构成的综合体，其核心内涵是服务。通常情况下，师德表现为以人为本、时代精神、平等合作、为人师表四个关键用语。

现代师德的核心是服务，集中表现为提高学生素质，强化学生的主体意识，做学生成长的引路人，为学生发展创造良好的环境，把学生看作完整的生命体来对待。

教师要有 12 个方面的修炼：修炼自己的声音，让它美妙动听；修炼自己的语言，让它妙趣横生；修炼自己的眼睛，让它传神丰富；修炼自己的表情，让它神采飞扬；修炼自己的行为，让它规范专业；修炼自己的学识，让它才思泉涌；修炼自己的脾气，让它惹人喜爱；修炼自己的个性，让它鲜明唯美；修炼自己的心灵，让它平和美丽；修炼自己的气质，让它超凡脱俗；修炼自己的灵魂，让它崇高圣洁；修炼自己的人生，让它阳光幸福。

教师对学生的"16知晓"：知晓学生的姓名含义；知晓学生的生活习惯；知晓学生的个性特点；知晓学生的行为方式；知晓学生的思维方法；知晓学生的兴趣爱好；知晓学生的困难疑惑；知晓学生的情感渴盼；知晓学生的心路历程；知晓学生的知音伙伴；知晓学生的成长规律；知晓学生的家庭情况；知晓学生的上学路径；知晓学生的社区环境；知晓学生的家长思想；知晓学生的家长愿望。

第3个问题：如何处理工作和家庭之间的关系？

她讲道："家不是一个讲理的地方，不是一个讲钱的地方，家是一个讲情的地方。"经营好自己的家庭是需要智慧的。好孩子是夸出来的！教师要多鼓励自己的孩子。孩子长大就是最大的财富。

第4个问题：教师要淡泊名利吗？

教师的工作就是塑造灵魂、塑造生命、塑造新人。一个人遇到好教师是一生的幸运，一个学校拥有好教师是学校的光荣，一个民族源源不断涌现出一批又一批好教师则是民族的希望。国家繁荣、民族振兴、教育发展，需要大力培养一支师德高尚、业务精湛、结构合理、充满活力的高素质专业化教师队伍。好教师没有统一的标准，教师可以各有千秋、各显身手，但要有一些共同的必不可少的特质。

博学多才对教师来说很重要。教师是直接面对学生的教育者，学生会提出各种各样的问题，而且往往"打破砂锅问到底"。教师如果没有广博的知识，就不能很好地解学生之"惑"，传为人之"道"。知识不是处于静止的状态，它在不断地丰富和发展，每时每刻都在发生着量和质的变化。因此，教师要不断充实自己的学识，跟上时代发展趋势，不断更新教育观念，改革教学内容和方法。

（2016年1月29日）

教育的成功源自教育细节

——观摩白银市景泰县第四中学心得

2014年3月28日，我和语文组、理化组部分教师去景泰县第四中学（以下简称"景泰四中"）参观学习，景泰四中的校容校貌、教育理念、办学特色、师生风采给我们留下了深刻的印象。景泰四中的所见所闻，使我们耳目一新，受益匪浅。走进这所学校，我们看到的一切都体现着教师的精神面貌和积极向上的品质，展示出了全体学生良好养成教育取得的显著成果。

一、真正的教育是激发学生情感的素质教育

实施素质教育、抓好高效课堂是当前教育的主旋律，新课程改革的实施和教改理念的不断实践，成为落实素质教育的助推剂。景泰四中集中优势教育资源，办优质教育，着眼于学生的德、智、体、美全面发展，学生的实践能力在不断提高。大到学校的硬件设施，如科学楼、能容纳500多名学生的报告厅，小到校园中的一草一木，无不展现着良好而又务实的育人氛围，无不体现着素质教育旺盛的生命力。学校突出人本管理，其发展步入良性循环的轨道，取得了很好的教育教学效果。八年级（3）班的学生要参加学校组织的优质课，学生都向我问好，我能感悟到教师付出了很多，特别是班主任。教育就是塑造人，让学生享受高起点、高品位的教育，培养学生良好的品质与坚强的意志，让学生树立爱心意识、责任意识。相比之下，部分学校在潜意识之中还是只看重学生的学科成绩，在育人方面缺少创新和实践，在教育教学管理方面为学生德育发展创造的条件还不够。景泰四中形成的教育规律、管理风格和办学特色无不渗透着教师的教育智慧，无不凝聚着教师的辛勤汗水。素质教育才是教育的归宿，优秀的学科成绩是素质教育的价值体现，是素质教育实施过程中良性发展的必然结果。

二、校园人文环境促进教育的成功

学校是教书育人的场所，草率、粗放的校园环境无疑对学生有着潜移默化的伤害。教育作为一种事业，若只停留在口头上、制订一项计划、速做一

份档案，而不体现在行动实践上，则无异于空中楼阁，如水中月、镜中花。景泰四中校园环境优美，建筑设计布局合理，校园文化氛围浓厚，格言警句随处可见。景泰四中的多功能报告厅有宣传语句"把课堂还给学生，让课堂焕发出生命活力""讲最易，教则难，导学才显真功夫"。办公楼三楼多媒体教室里面有标语"先学后教搭建教育平台任君施展才华""寻规求真挖掘科学良方凭你尽显技艺"等，这几句话体现了学生真正参与课堂的教学理念，体现了景泰四中高效课堂改革的教育思想。在美术室、团委活动室里，学生的绘画作品、书法作品的细微之处体现着教师为学生才能的展现和拓展所做的努力。这些细节工作对教师是一种启发和提醒，如果教师从现在抓起、从细节抓起，那么学生的身心健康成长和才能展现将得到有效促进。

三、走进学生的心灵世界，引起学生心灵深处的共鸣

教师要不断地完善自己，提高自身素质，这样才能在学生心目中树立实实在在的形象，才能使学生努力学习。教师只有认真备课，才能在课堂上展示自己精通教材的教育魅力；教师只有进入学生心中、了解学生的需求，才能引导学生走上讲台；教师只有具备严谨的表达能力和良好的组织能力，才能引导更多的学生参与课堂学习活动。教师应具备进入学生心灵的本领。育人先育心，只有走进学生心灵世界的教育，才能引起学生心灵深处的共鸣。景泰四中的教学改革力度很大，教师真正起到了引导和启发的作用，学生也真正学了起来，学生能在课堂上研讨、提问、辅导，教师在一旁补充和总结，并为学生耐心讲解，确实和学生打成了一片，缩短了师生之间的心理距离。教师对学生要注意语言分寸，多鼓励学生，帮助学生树立自信心，维持好师生关系。教师只有注入爱，才能引起学生的共鸣，走进学生的心灵世界，成为学生的良师益友。

四、教师要有强烈的责任心

在景泰四中，几乎每个班都有学生发展档案盒，学生分组管理并在课堂上参与教学积分活动，有的班级展示学生每日一言，如九年级（3）班板面上有一句"播种行为、收获习惯，播种习惯、收获性格，播种性格、收获成功"，教师肩负着教书育人的责任。首先，教师要有严谨的治学态度和深厚的学科专业知识。其次，教师要有良好的职业道德与责任感、使命感。教师要有强烈的责任心，要用自己满腔的爱去关心学生，尊重每一个学生，耐心细致地指导每一个学生。如此，教师才能做好学生养成教育工作。

五、教师正确对待导学案，顺利实施高效课堂

通过景泰四中一天的学习，我对导学案的使用有了新的认识。导学案主要是引导学生在做中学，教师借助导学案使学生真正成为学习的主人。导学案有明确的学习目标，重难点，学法指导，学习内容的引领、实践、点拨和检测，学习内容的总结与提升。如果课前学生不查找资料、不研究章节知识点，课堂上学生不积极参与，那么导学案就是学生的课外作业，不但没有起到帮助学生学习的作用，反而增加了学生的学业负担，让学生产生厌学情绪。景泰四中没有晚自习，不布置家庭作业，学生放学后主要学习和研究导学案。景泰四中教学改革旨在培养学生参与展示的积极性，培养学生自主学习的良好习惯，提高学生的学习成绩。

学生要树立正确的学习态度、科学的学习方法、主动的学习意识。自主学习、探究学习、合作学习是新的学习理念，学生完全参与学习过程，对知识是自我经历而不是教师给予，对能力是亲历获取而不是教师传授，对方法是主动归纳而不是教师总结。因此，教师要引导学生满腔热忱、信心百倍、认认真真、积极主动地用好导学案。

自学质量是保证"三步一课"有效实施的关键。全体学生对导学案的态度是热情而不是敷衍，是积极而不是消极，是主动而不是被动，是渴望而不是无奈或拒绝。学生必须做到自主阶段认真写，课上互动认真标，课后修订认真改。课下全体学生独立自主完成导学案。自学学习主要指学生利用自修时间结合教材、教辅资料独立自主完成导学案，必要时也可与同学合作。学生一定要自己做导学案，千万不能抄袭，弄虚作假。对于不懂的内容，学生要记在学案上，没有高度的自主就难以保证充分的互动。

景泰四中使用的导学案做到了 7 个"离不开"。

一是课堂交流离不开导学案。讨论开始前，教师给予学生指导。小组长带领全组同学逐项校订学案；组长或组内其他同学答疑解惑，组内同学要互帮互学；小组长带领全组同学检验落实每一个学习目标，并对给定的问题进行讨论，如有集中的困惑问题，小组长要收集起来。（我们在听一节物理课时发现，学生拿着很多纸条，课后我询问学生，原来这是他们收集的困惑问题。）

二是课堂展示离不开导学案。各小组要认真研究学习任务，弄懂吃透，并解答他人的疑惑，全体组员要高质量解决相关问题。各小组的展示人按事先分配的重点内容板书展示，展示人要把答案写在相应的小组内。（我们在

听一节语文课时发现，一个学生在台上讲解、订正，其所在小组的成员在教室所有板面上写出自己的答案。）

三是课堂生成离不开导学案。课上集中的困惑问题记在导学案上、个人的疑难批在导学案上、教师提出的问题写在导学案上、思维的碰撞注在导学案上。（我们在听课时发现，教师只讲解学生在学习过程中遇到的困惑问题。）

四是学案整理离不开导学案。课堂知识方法的概括是学习结果的一种表现，展示反思可以借助导学案，修改反思更需要导学案。

五是复习备考离不开导学案。课堂知识的巩固、整合和阶段复习都需要导学案。学生可以通过笔记栏等自查学习薄弱环节，有重点、有主次地复习。

六是课堂点拨离不开导学案。教师不讲学生已经理解的内容，教师不写学生已经会写的内容，教师只强调、指导、点拨各目标涉及的知识点。学生要结合教师的点拨，进一步讨论展示内容，再次修订学案。

七是教师引导离不开导学案。课堂最后 5 分钟，教师引导学生预习新课，并适度浏览新学案，学生则结合教师的引领初步了解新学案。新学案的自主学习也需要督促，每节课前小组长检查本小组同学新学案的完成情况，并在课上及时汇报给任课教师。

景泰四中教师高效利用导学案，真正把课堂还给了学生，让课堂焕发出生命活力，不但培养了学生主动参与学习的积极性和自信心，而且培养了学生良好的学习习惯。总之，此次参观学习是一次难忘的学习经历。通过学习，我认识到教育工作者，特别是教育管理者，必须树立终身学习的意识，不做井底之蛙。教师要在反思中调整自己，努力实施素质教育。

在今后的工作中，我要多学习先进经验，不断改进自己的工作方法，抓好学校管理工作，特别是抓好学生良好生活习惯和学习习惯的养成，从而促进学校各项工作的不断创新和发展，促使全体教师在今后的课堂教学中大显身手，取得辉煌成绩。

（2014 年 4 月 7 日）

融合教育是特殊教育发展的时代要求

——参加重庆师范大学培训心得

中共十八届五中全会明确提出，办好特殊教育是实现残疾人小康的关键一环。党的十九大报告提出，要办好特殊教育，并为特殊教育发展指明了方向，即新时代的特殊教育需要向融合教育转型。

2018 年 12 月 16 日至 25 日，甘肃省特殊教育代表 30 余人在甘肃省教育厅教科院领导的带领下，来到了中国美丽山城——重庆，在重庆师范大学参加了特殊教育融合教育专题培训。时光匆匆，为期 10 天的培训学习转瞬间已经结束。回顾这珍贵的培训学习生活，我感到非常充实。特殊教育专家的精彩讲座，使我在特殊教育理念上有了改变，在教师专业素质方面得到了提升。

一、融合教育是特殊教育的发展趋势

12 月 17 日，我聆听了重庆师范大学申仁洪教授关于"新时代办好特殊教育的内涵与路径"的解读。他解读了特殊教育发展的四个模式，即病理模式（以养代教）、康复模式（特殊教育）、社会模式（回归主流）、权利模式（融合与全纳），提出残疾人教育不等于特殊教育，残疾带来的障碍不是由个人负责的，而是由社会负责的。

在学习中我了解到，美国的特殊教育起源于黑人的隔离教育。特殊教育应该是全人类的教育，听、说、读、写等方面有条件限制的人是特殊群体。

融合教育认为，以全纳教育为导向的普通学校反对歧视特殊人群。新时代我国抓重点、补短板、强弱项，把"增进民生福祉，全体人民共享发展"作为发展目的，教育优先发展，教育现代化，办人民满意的教育，创造条件，补齐特殊教育短板。

申教授认为，国家应当提高残疾人教育质量，积极推进融合教育，根据特殊儿童的接受能力，采用普特结合的教育方式，创设学习环境，设立特殊教育资源教室、辅读班、教育学校、特殊救助机构。

通过培训我认识到，特殊教育学校和随班就读必须相互补充、相互支

持。特殊教育学校是区域特殊教育发展的骨干，普通学校中的特殊教育（随班就读和特殊教育班）则是区域特殊教育发展的主体。新时代，特殊教育学校战略定位和发展模式需要重新设计，真正发挥其在区域特殊教育中的骨干作用。

12月17日下午，我参观了重庆师范大学教育科学学院特殊教育系教育康复人才培养教学基地，通过实地考察，更加明确和理解了特殊教育第二期提升计划的重点任务：提高残疾少年义务教育普及水平，加快发展非义务教育段的特殊教育，健全特殊教育经费投入机制。在推进特殊教育发展过程中，创建共享资源教室。要想推进融合教育，我们必须解决教师和全社会的传统观念问题。

二、"随班就读"是融合教育的一种模式

12月18日，培训班全体成员来到了重庆市嘉陵小学，该校呈现的"美善嘉陵，缤纷色彩，自由盛开"的景象成为学校亮丽的风景线。2006年之前该校属于职工子女学校，最早有16个智障儿童在此上学。嘉陵小学自办学以来都是零拒绝残疾孩子，学校现有特殊儿童24名，大部分教师都是兼职教育特殊孩子，学校坚持走特殊教育教师专业化培训的道路，通过改变"隔行如隔山"局限性的培训之路，让特殊教育教师专业化。

杜艾静，毕业于重庆师范大学教育科学学院特殊教育系，在嘉陵小学从事特殊教育工作已有14年，工作实践经验丰富。她认为教师要利用好资源教室，并掌握其使用功能。资源教室是为随班就读的残疾学生及其他有特殊需要的学生、教师和家长准备的，是提供特殊教育专业服务的场所。教师要开展特殊教育咨询、测查、评估、建档活动；进行学科知识辅导；进行生活辅导和社会适应性训练；进行基本的康复训练；提供支持性教育环境和条件；开展普通教师、学生家长和有关社区工作人员的培训。她特别强调教师要做好学生5种能力的培养工作，即社会适应能力、语言沟通能力、认知能力、感知运动能力和作业能力。

通过参观学习我认识到，融合教育是教师教育的一种新模式，是超越自然人教育的一种飞跃，是一种革命性教育。让普通学校校长懂得"融合教育"和"随班就读"的概念和内涵是特殊教育人的重要职责，"特殊教育"是面向全体学生的。"随班就读"工作需要学校和社会的共同参与，这样才能推动"融合教育"健康有序的发展。

三、创建"1+2"模式，推行"普教班和聋生班"教育高度融合

12月19日，我走进了重庆市山水牡丹之城——垫江县，该县特殊教育学校"随势而造，依山而建，楼梯相连，层叠为楼"。学生"活泼可爱，天真聪慧，自然发展，融合一体"。教师"立德树人，温情待生，精神昂扬，激进奉献"。学校"以普带特，以特促普，普特殊教育融合发展"，每一个孩子都能接受优质教育。

早晨，郭龙老师带领普教四年级（2）班48名学生和聋生班15名学生一起上课，手语教师张洪铭辅助教学。学生享受着音乐节奏，共同参与传球、接力游戏。手语教师指导聋生参与集体游戏及锻炼活动，聋生上课的兴趣浓厚，积极性高。这样既调动了聋生和正常学生一起参与活动的积极性，又消除了部分正常学生对聋生的歧视心理，实现了普特殊教育育的高度融合。

我在学校参加了"垫江县特殊教育学校融合教育交流会"，肖建国既是特殊教育学校校长，又是垫江县文化路小学校长。两所学校，一套领导班子，一种融合教育的思路管理两所学校，这就是"1+2"模式。一个理念，一个校区，一个领导班子统筹管理。教育目标是实现普通教育和特殊教育之间多维度、多角度、多领域的相互交融、补充和促进，实现资源共享、教师共进、学生共融。肖校长强调，特殊教育学校未来的发展方向是坚定地走向融合教育，融合教育已经成为特殊教育革新的潮流，其目标是构建全民教育和全纳教育，其质量提升的关键在于对融合教育发展理念的认识。

推动融合教育的关键是全体教师思想的转变，融合教育必须充分利用资源教室的所有资源，发挥资源中心的作用和功能，通过班级融合、教学融合、活动融合，促进残疾儿童健康成长。垫江县特殊教育学校构建认识体系，提供思想保障；构建制度体系，提供管理保障；构建师资体系，提供人才保障；构建文化体系，提供环境保障；构建运动体系，提供机制保障。

四、特殊教育的最终走向是融合教育

12月20日，我聆听了重庆师范大学向友余教授关于"未来特殊教育学校转型与定位"的报告。向教授引用了亚里士多德的一句话"人生最终的价值在于觉醒和思考的能力，而不只在于生存"。报告要求学校找到特殊教育发展的机遇，懂得特殊教育"平等、融合和差异"的理念。《残疾人权利公约》的宗旨是确保所有残疾人充分平等地享有一切人权和基本自由，并尊重残疾人固有

的尊严。特殊教育必须有政策的保障支撑，培智教育强调个性化教育。

向教授讲到了特殊教育的国内背景，党的十七大提出"关心特殊教育"，党的十八大提出"支持特殊教育"，党的十九大提出"办好特殊教育"。只有做好普教人向特殊教育人思想的定位与转型，才能完成相对独立的特殊教育学校教育模式向融合教育的转型。

报告集中体现了特殊教育第二期提升计划的重点任务。从提高普及水平到完善特殊教育体系，从加强条件保障到增强特殊教育保障能力，从提升教育教学质量到强调提高特殊教育质量，无不体现着特殊教育第二期提升计划的4个原则，即普特结合的原则、多元发展的原则、特殊教育特办的原则、多方参与的原则。融合教育不仅坚持做下去，还要做实做好。特殊教育人应该做到并落实以下6项措施：残疾儿童入学率达到95%以上；特殊教育向学前、高中与中等职业两端延伸；保障办学经费；建立特殊教育资源中心；特殊教育队伍建设走向专业化，教师待遇基本落实；特殊教育课程改革。

特殊教育人要认真贯彻2017年1月11日国务院修订并完善的《残疾人教育条例》。《残疾人教育条例》明确规定了残疾人接受教育的权利，全社会都要遵照执行。向教授明确指出建立特殊教育资源中心和资源教室，并且充分利用它们就是特殊教育向融合教育的转型。特殊教育人应该通过普特学校的改革来解决阻碍特殊教育发展的问题，让特殊教育发展最终走向高度的融合教育。

五、特殊教育向学前和高中两端延伸，促进融合教育新的突破

12月21日，我走进了重庆市聋人学校。该校位于素有"山城花冠"之称的南山风景区，现有教师49名，学生251名，学前班2个，义务教育段的班级9个。通过观看学校70年校庆宣传片，我了解到该校承担着重庆市所有县区的聋生的教育，教师自编教材，学校重视教师队伍建设，教师用爱心和智慧关爱聋生，这是一所融"学前康复""义务教育""高中教育"为一体，对聋生实施十二年教育的重庆市特殊教育示范学校。

聋人学校校长汪毅做了学校发展和聋人教育发展的解读，并展示了学校的办学理念——尊重差异，多元发展，志存高远，服务社会。

经过长期的发展，普通学校的教育观念已经发生了革命性的变化，校长、教师、家长对特殊教育的观念发生了变化。随班就读的学生实行双学籍制度。特殊学生必须持医院的诊断书、残联的认证，才能进入特殊教育学校接受教育。对特殊学生，教师在思想上高度重视，在运作上坚持融合模式，在聋人

义务教育发展的基础上，向学前和高中两段延伸，促进融合教育新的突破。

六、学校管理严谨有度，领导执行力强是办好学校的基础

12月23日，我聆听了重庆师范大学附属中学校长张忠俊关于"学校管理中的热点问题探讨"的报告。

在管理与领导方面，张校长强调，决定一个人领导力的重要素质来自理论与实践，来自领导的远见、判断，来自领导的个性。他还说："领导人才是人才中的人才。""培养学生的领导素养是人才发展的最佳捷径。""一所学校如果管理不好，那么学校整体就会比较乱，乱就没有凝聚力和执行力。"

张校长的学校管理说明，学校工作应该从细节做起，从教师的专业成长做起，从引领学校发展做起，从快速提升班主任工作能力做起，从提升教师教学能力做起，从校长的执行力做起，这样才能使学校有活力，有发展的前途。领导力不强表现为"成绩出不来，品质上不去"，领导力的核心就是用自身的能力去激发人的潜能。校长在做学校工作时要公平公正，凡事都要拿上台面，避免学校中层领导之间发生矛盾，做好教师绩效分配、评职晋级，处理好副校长和中层干部之间的关系，降低一些负面影响。

管理的关键在于信任和放权。学校的稳固秩序就是建立权利共同体、责任共同体、期望共同体、荣辱共同体，放权是必须的，这样才能实现民主、平等、自由的交流和沟通。校长要明白放权是为了"安全"。校长如果不放权，那么下属就没有参与感、价值感、责任感和荣辱感。

张校长在谈论制度制定时强调，教师满意度往往和物质利益有关，教师忠诚度和自身精神体验有关。一个人只有精神投入一定的事业中，心底才会焕发出无限的忠诚。要想办好学校，必须重师德、重安全、重过程、重结果、重他评、重文化。

七、在培训研讨中提升特殊教育能力，在交流反思中推进融合教育

12月24日，全体学员参加了"特殊教育融合教育专题培训"结业典礼。在结业仪式上，甘肃省教育厅教科院马金玲老师的总结讲话对我影响很深。她讲了"四个分享"：分享申教授办好特殊教育的理念，为融合教育提供理论支持；分享向教授新时代融合教育的转型政策引导和第二期提升计划解读；分享垫江县肖校长"1+2"融合教育发展模式，引领特殊教育人联系实际推进融合教育的发展；分享张校长学校管理的新理念，正确理解领导力，做好教师评价工作。

　　马金玲老师要求全体培训人员回到当地做好"四个实践"。一是融合教育的实践探索，教师只有去实践，才能真正理解并接纳特殊教育，做好社会宣传工作。二是建立特殊教育指导中心、随班就读资源中心。三是建立普通学校特殊教育区，把嘉陵小学杜老师的讲课传到各自的学校。四是用张校长的管理理念去管理自己的学校和评价自己的老师，走出自己的特殊教育管理之路，在当地做好特殊教育事业，推进特殊教育融合教育的发展。

　　在这次培训中，我有幸聆听了重庆师范大学专家的精彩授课，与他们近距离的接触，使我在学校管理和教育教学方面拓宽了视野，促进了融合教育理念的不断更新，领略了专家独特的魅力。无论是在听报告的过程中，还是在与特殊教育同行的交流中，我每时每刻都有新的收获。这次培训内容很丰富，形式多样，有集中培训、专题讲座、交流互动、专家答疑、参观学校等。集中培训讲解特殊教育支持政策；专题讲座解读特殊教育发展转型；交流互动提升特殊教育专业能力；专家答疑解释特殊教育发展存在的突出问题；参观学校，现场观摩，亲身体验特殊教育学校管理和融合教育发展的新思路、新方法。

　　培训学习虽然短暂，但是令我受益匪浅。这次培训让我更新了教育理念，明确了特殊教育发展方向。在学习过程中，我不断反思学校的管理和发展状况，反思自己在特殊教育过程中的点滴做法。

　　特殊教育人应该思考以下几个问题：一是融合教育环境下，特殊教育如何定位，特殊教育教师的角色如何转变；二是部分特殊教育学校的管理偏向普通学校管理模式，特殊教育如何体现"普特结合，特殊教育特办"；三是如何逐步实现社会、家庭、特殊教育学校共同合作构建的支持环境；四是在教学和康复训练中，教师是否具备根据学生个体的特殊性设计教学内容的能力，是否想过有多少知识对学生有用；五是关于特殊教育的转型，校长如何做好向上级部门汇报工作和特殊教育宣传工作。

　　专家的融合教育理念、人格魅力和治学精神深深地影响着每一位参加培训的特殊教育人。随着融合教育的开展，特殊教育学校必须从传统隔离式的学校教育转变为与社会、家庭融合的教育。特殊儿童的教育将不只局限于特殊教育校园，特殊儿童将从学校融入社区、融入普通学校、融入社会。为特殊儿童创造融合的环境，让他们走进社区、走进家庭、走进社会，这样才能帮助特殊儿童在实践中学习、在真实生活中学习。特殊教育教师要担当起教育者的角色，承担起协调者的责任，促进特殊教育学校资源中心功能的发挥。校长要协调家长和普通学校教师之间的矛盾，促进普通学校教师与"随班就读"和"送教上门"特殊教师的沟通与交流。

　　总之，特殊教育工作者要有服务意识、协作精神，做好特殊教育服务。校长的领导力、决策力和判断力是影响特殊教育良性发展的关键因素。要想管理好学校，校长就要将好的思想、好的办法转化为团队制度并加以执行，这样才能做好做实并促进特殊教育融合教育健康有序的发展。

（2018 年 12 月 28 日）

积淀特殊教育文化内涵，推进培智课程改革

——观摩会宁、定西、陇西、静宁四所特殊教育学校心得

　　为了贯彻落实《国家教育事业发展"十三五"规划》和《第二期特殊教育提升计划（2017—2020 年）》精神，加快推进靖远特殊教育学校改革与发展，进一步完善教师专业能力提升培训机制，提升教师专业化水平，2019年4月10日至12日，靖远县特殊教育学校组织教师前往会宁、定西、陇西、静宁四所特殊教育学校观摩学习。在观摩学习中，教师分享学校文化、研究课堂教学、研讨交流特殊教育发展的前景和存在的客观问题。

一、完善的基础设施

　　我们乘车前往四所特殊教育学校，受到了四位校长和领导团队的热情接待。各位校长热情洋溢地介绍了学校的基本情况和发展愿景。各个学校基础设施完善，各种设施布置有序、自然庄重、和谐完美！

　　会宁特殊教育学校于 2014 年秋季开始招生，占地面积 6 177 平方米，综合楼占地面积 3 387.3 平方米，宿舍楼占地面积 1 056 平方米，餐厅占地面积 813.38 平方米。现有教职工 22 名，平均年龄 36 岁。现有学生 73 人，4 个年级，5 个教学班。现有图书 1 700 多册。学校共装备 15 个功能室，器材齐全。学校建有高标准的校园绿色操场，有红色文化的内涵元素。学生的个性训练、心理健康教育发展是该校的办学特色。

　　定西特殊教育学校占地 6 675 平方米，校舍占地面积 4 102.64 平方米，基础设施完善，布局合理。学校有高标准的教师会议报告厅、标准化学生食堂，聘请厨师开设了蛋糕等面点制作技能培训课程；声乐设备齐全，聘请音

乐专家建立美声培养室。现有 28 名教师、84 名学生、6 个教学班，其中送教上门 30 人。这是一所融听障、视障、培智教育为一体的综合性特殊教育学校。

陇西特殊教育学校布局合理，环境优美，占地面积 10 170 平方米。现有教职工 37 名，16 个教学班，197 名学生。学校有高标准教师会议室、标准化学生食堂、校服制作车间、喷绘图案工作车间、花草基地、休闲娱乐风景园。学校已建立了特殊教育职业培训基地。

静宁特殊教育学校占地面积 5 768 平方米，建筑面积 5 239 平方米。现有教师 25 人，学生 86 人，9 个教学班，12 个功能室。学校有 80 多平方米的高标准教师会议室。学校开设美容美发技能培训室、工艺品制作室。

二、朴实大气的课堂教学

特殊教育学校的教师在课堂教学中没有刻意追求语言的华丽、课件的精美，更没有摆好看却不实用的花架子。他们站在学生的角度静心备教，呈现在听课教师面前的是真实的常态课。课堂没有浮躁的内容，让人感觉自然亲切、朴实大气，真正体会到特殊教育课堂教学的朴素与实用。

生活数学以帮助学生掌握与生活相关的简单的数的概念、数的运算，学会运用简单的运算工具等为课程内容。会宁特殊教育学校王娜老师在启蒙班的"比长短"课堂上，通过手势、图片等较为直观的形式授课，细致地讲解每一个知识点。虽然培智班学生自控能力差，但是通过问题设计，学生能在板面上指出尺子的长短。教师通过奖励的形式鼓励学生积极向上、健康成长，真正体现了班级的班训"我努力，我进步，我成长，我快乐"。教师耐心细致地辅导学生完成简单的作业，既遵循了普小数学规律，又基于智力障碍学生的特点和未来生活的需要，落实了教学目标。陇西特殊教育学校汪娟花老师的培智课"20 元以内人民币的使用"，通过创设购物情景，让学生参与模拟情景，这既简化了课堂学习内容，又提高了学生适应生活的能力。培智数学的教学目标明确指出，学生会使用纸币、估计价格，并能在生活中使用人民币。汪老师通过自己的教学设计，在买卖商品中让学生认识了人民币。

培智学校的唱游与律动课程是将音乐律动与舞蹈、游戏相结合，通过音乐教学、音乐游戏和律动训练培养和发展智力障碍学生的听觉、节奏感和音乐感受能力。定西特殊教育学校的音乐课振奋人心，外请教师免费辅导学生学习声乐，受教盲生音色好、音质纯，能随着教师的歌声感受节奏，试音学唱，声音优美动听。此外，学校又开发了校外资源，丰富校园文化生活，挖掘学生的天赋和特长。在感觉统合训练课堂上，由于智力障碍学生的学习兴趣低、稳定性差，教师还设计有趣的教学活动，以刺激孩子主动参与课堂活动。定西特殊教育学校的感统训练课堂，让学生有秩序地参与活动，学会用拖把拖地，加强协调训练。教师教得细致，学生学得快乐。

生活语文的教学过程要遵循生活化与人本化相结合的原则、教育与康复相结合的原则、直观性与体验相结合的原则、讲授与分层练习相结合的原则。教学注重直观性，强调学生的参与体验，强调知识的前后衔接，这样才能完成生活语文的教学目标。在陇西特殊教育学校培智二年级，梁大丽老师围绕《夏天》一文的情景朗读课给我们留下了深刻的印象。梁老师分层确定教学目标，将学生的认知、技能和情感融汇在整个课堂。着装整齐、佩戴红领巾的学生互相领读记忆课文内容——夏天到了，树上知了吱吱叫，河里青蛙蹦蹦跳。课堂上，教师特别强调朗读指导，通过角色表演让学生体验动物的叫声。对于学生读不好的内容，教师反复精心指导，完成了分层教学的最终目标。通过观察我发现，再特殊的孩子，内心也有强烈的学习和认识世界的欲望！

培智课堂35分钟的教学活动气氛活跃、井然有序，师生互动环节引人入胜，氛围融洽。教师似乎是在给普通学校的学生上课，学生遵守学习纪律。静宁特殊教育学校的教学课堂静中有动，有序进行，彰显了学生的活力。教师热情饱满，学生求知欲强。

静宁特殊教育学校的教师根据学生的心理发展特点，把枯燥、呆板的课堂教学加以改变，从而培养学生学习的兴趣，激发学生的求知欲。尤其是教师和学生的默契配合使听课教师深刻体会到这些教师教学方法的独具特色和简洁高效。教师的工作态度、敬业精神与教育热情值得每个人学习。

在课堂教学中，我们能感受到教师积极推进课堂教学改革。课堂准备环节，教师不仅"备"教材，还"备"学生，每位教师都有自己的康复训练特点与教学风格，有自己的教研能力且形成了各自的教学特点。教师充分调动学生的学习积极性，充分挖掘残障学生的潜力。练习设计针对性强，贴近学生生活实际，分层教学合理得当，教学和康复训练效果显著。

在教育教学过程中，各校开展了一系列特色教育活动，形成了学校教师和校外专业教师互相配合，以美术、二胡、声乐、书法、律动等为主的特色课程。推进培智教育课程的改革是特殊教育学校长期坚持要做的事情，也是发展特殊教育事业不可缺少的重要环节。

三、淳朴的校园文化

文化是学校管理的灵魂。办一流的学校就是做好校园文化建设，做好校园文化建设的目的是为学生、教师的个性化成长搭设平台。学校文化管理就是发挥文化育人的力量，通过精神和心理来控制师生的行为。学校管理本身就是一种文化，一种责任感与使命感。学校文化的核心是切合实际的办学理念和教职工共同的价值取向；学校文化重在积淀，积淀的同时要注意挖掘。

会宁特殊教育学校确立了"生存生活指导、身体心理康复、文化技能教育"并重的办学原则，坚持"以人为本、以校为本、素质兴师、特长兴校、育残成才、持续发展"的办学理念，以"明德至善，博学奉献"为校训，以"普爱求真，见贤思齐"为校风，以"理解尊重，显幽阐微"为教风，以"自立自强，格物致知"为学风，助力每一位特殊学生快乐成长。

学校以二十四节气、中国传统节日、学生作品照片为主，让学生认识中华民族长期积淀的历史文化，努力做好文化教育。学校通过励志人物，做好励志教育，让学生知道并了解这些英雄的励志故事，明白只要不断努力，就会获得比普通人更加精彩的人生。

"博爱"是定西特殊教育学校"工作思路"的核心。以"自信自立，至乐至善"为校训，坚持以残疾儿童为本，坚持教育教学与缺陷补偿、康复训练相结合，坚持学校教育与学生现实生活、未来生存相结合，重视残疾儿童的特性及差异，分类教学，因材施教。加强教师培训，不仅能请进来，还能走出去！创建活动载体，外聘特长教师。通过参与各项文艺活动，歌唱《特殊教育工作者之歌》，让教师放松！学校应大力发展学生技能，引进武术、舞蹈、器乐、书画讲座，让生命绽放，让梦想展翅飞翔。

定西特殊教育学校的办学经验说明，学生总有一天会回归社会，学校应该带孩子多出去，做好融合教育，培养学生树立"自尊、自信、自强、自立"的强烈意识，让学生感到"我是幸福的"！特殊教育就是要教育和影响学生走入社会，学会生活，参与就业。定西特殊教育学校抓住家长培训这一重点课程，家校携手，共谋发展。办好家长学校，做好家长心理健康教育。学校承担起家长心理教育培训任务。"让特殊孩子有尊严地活着"是特殊教育职业发展的出发点。我观看了"定西市特殊教育学校毕业晚会"的视频，毕业生激情洋溢地道出："感恩所有帮助过我们的人，正是因为他们，我们才能有尊严地活着！"激动万分的场景启迪所有特殊教育人诚心教育孩子，让特殊孩子有尊严地生活在这个世界上。

陇西特殊教育学校非常重视党建工作，彰显档案文化，重视礼仪文化、团队文化和教室文化。培智二年级教室内悬挂着"耕耘今天，收获明天"的班级总体目标。细化教育目标：讲文明、懂礼貌，讲究个人卫生，主动向老师问好。班级文化特色鲜明。静：静能生慧，静能启智；静心静思，动静有常；心态平静，学习安静。净：净能生美，净可怡情；校园干净，衣着洁净；语言文明，心灵纯净。培智五年级的总体目标是"搏击学海，成就未来"，班级文化的教育氛围浓厚，四月份学生成长目标是"安全重于泰山"，五月份学生成长目标是"讲究卫生"。陇西特殊教育学校把教育学生和适应生活融合在一起，教室内有餐具、图书、电子琴、卫生用具等。陇西特殊教育学校独特的校园文化激发了学生的学习热情和表现自己的欲望。

融合教育的最终目的是让学生走向普通学校，陇西特殊教育学校非常重视重度残疾儿童"送教上门"工作，培训全县"送教上门"指导服务教师，确保每一位重度残疾儿童都能得到尊重和教育。特殊教育事业发展的优势在陇西得以彰显。陇西特殊教育学校就像一所普通学校，把特殊学生教成了正常学生，达到了教育的高度融合。教师基本功扎实，关注和教育每一个特殊儿童。教师脸上充满笑容，有自信。教师的特殊教育专业能力强，教师的爱心和学生的童心高度融合在一起。陇西特殊教育学校的办学特色就是关注每一个孩子的技能培养。学校开设了裁缝、喷绘和洗车劳动技能课程，把特殊教育延伸至职业教育。

陇西特殊教育学校的课堂完成了学生良好习惯培养的教学目标，学生能生存、会生活，特殊儿童离开父母也能适应社会。贾文祥校长说："特殊教育就是让生命与使命结伴而行！发展体育是做好特殊教育的有效途径，体育训练能培养特殊儿童良好的行为习惯。"

静宁特殊教育学校特别重视培智课程文化的开发，把课程分为一般性课程（语文、数学、运动与保健、综合实践、律动等）和选择性课程（康复、艺术、技能）。学科课程又分为活动课程和技术训练课程（合唱、特奥训练、美容、劳动等），既丰富了校园文化生活，又提升了学生的技能。努力营造学校文化，即校园文化、教师文化、学生文化、办公室文化、功能室文化、教宣文化、会议文化、领导文化、团队文化等。王辉校长说："文艺演出是宣传学校文化和办学特色的重要途径。"

静宁特殊教育学校开发资源，培养学生技能，把特殊教育延伸至职业教育，让学生学会适应社会。学校的办学特色很多，如创建少先队活动阵营，让特殊儿童养成团队精神；开发校本课程，包含课程开发、职业教育、文艺宣传、资源引进、一生一策等内容。关于"送教上门"工作，王辉校长说："送教的真正含义就是送政策、送情感、送温暖、送自信、送知识、送培训。"

静宁特殊教育学校的魅力和领导团队的热情，让学习者恋恋不舍，回味无穷。静宁特殊教育学校做好了以下几方面的工作：一是有力推进，推进课程开发、职业技能培训、康复训练；二是工作有序，校园文化层层有序，学生技能发展有序，工作进程自然有序；三是学校完美，校园整体设计完美，校园文化协调完美，团队协作共进完美；四是稳步提升，教师专业能力提升，学校办学品位提升，特殊教育二期能力提升。

特殊教育学校团队一起交流，共谋学校发展。研讨开展重度残疾儿童"送教上门"工作的具体细节；解决"一生一案"教育过程中存在的问题；实施培智教育课程；发展学校文化及办学特色；等等。各校教师发言积极、相互包容、取长补短、气氛活跃。

通过观摩学习，我深刻认识到特殊教育工作的重要性和紧迫感。特殊教育教师要有"仁爱之心、心融万物、天地胸怀、不厌其烦、爱心细致"的正能量；要"耐得住、爱得起、教得值"。在特殊教育校园里，教师做的是伟大的助残事业，做的是伟大的教育事业！

特殊教育的终极目标是让特殊儿童享受生命的精彩，快乐、幸福地学习和成长。在特殊教育学校，耕耘十分，或许只能收获一分，在特殊教育人的词典里没有"放弃"这个词。特殊教育教师工作繁重、琐碎、单调，他们的付出和回报应该得到社会的认同和支持。

"送教上门"工作不是培训一下就能做到！教师的爱心贴近特殊儿童的内心世界是很难的！定西特殊教育学校的杨校长说："教师必须要走特殊教育之路，有特殊教育思维，办特殊教育事业！加强教师培训，提升专业能力。"

这四所特殊教育学校的文化氛围浓厚，教育理念新颖；教学管理有序，教育教研严谨；办学特色明显，康复成绩显著。靖远特殊教育人要反思自己，借鉴经验，完善自我，努力推进新时代靖远特殊教育的快速发展。

四、实事求是的特殊教育工作

靖远特殊教育教师要不忘初心，牢记使命，实事求是地为特殊儿童健康成长做一些教育教学工作。虽然部分学校没有完善的基础设施，没有更多的教学和康复训练的设备，但是特殊教育团队要静下心来，反思自己，提升能力，做好特殊教育工作。特殊教育团队应该做好以下几个方面的工作。

一是提高认识。全体教师政治站位要高，要有大局意识，努力完成《第二期特殊教育提升计划（2017—2022年）》的教育和康复内容，要有特殊教育信仰，把特殊教育事业推进更高的层次。

二是转变观念。特殊教育不是"保证残疾儿童不出现安全问题"的教育，教师不要总是抱怨学校硬件设施不完善，办法总比困难多。特殊教育事业是神圣的，没有特殊教育信仰的人是不能胜任此项工作的。

三是做好宣传。关注残疾儿童发展，做好特殊教育宣传，面向全县18个乡镇，精准摸底，摸清学生人数、年龄和分布区域，推进招生工作。查实在校学生的学习类型和家庭情况，确保学生按时到校上课。积极协调，完善6～15周岁的重度残疾儿童"送教上门"的教育途径和管理机制，指导乡镇教育管理中心按照就近原则安排教师完成"送教上门"工作。

四是精细运作。结合学校实际，统筹使用学校库存的各种设施，优化组合各种教学设备，购置提升培智教育能力的设施设备，加强教务处培智课程改革，推进教研活动有效开展，提高康复和教育质量，严格执行评价教师的各项制度，加强校园基础设施维修和建设。

用笑脸对待每一位孩子，用真心温暖每一位孩子，用耐心静待每一朵花儿绽放，用良心推进特殊教育的有序发展。面向未来，脚踏实地，办好特殊教育；瞩目千里，点燃梦想，关爱培智学生。积淀特殊教育文化内涵，推进培智课程改革。精细管理、人文关怀，关注培智、充满活力，为校奉献、扬帆起航。

（2019年4月18日）

"融慧"幸福有爱心，"跟岗"研训抓管理

——"落实委托培养"天津和平帮扶特殊教育培训心得

我跟随由41名教师组成的靖远教育管理团队于2019年9月15日到天津市和平区，完成一周的跟岗培训学习，落实"共建联盟校""教师委托培育"等多个项目。

9月16日上午，教育局带队领导一到天津就做了培训动员讲话，要求校长和骨干教师遵守培训纪律，注意安全；珍惜机会，学有所获。随后我参

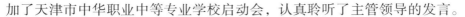

加了天津市中华职业中等专业学校启动会，认真聆听了主管领导的发言。

天津市和平区培育学校的交流学习，特别是孙婧艳校长独特的办学理念，使我坚信提升学生智力，让学生融入正常人的生活，是特殊教育人的教育情怀、教育梦想。

一、提升职业幸福感，不攀"桃李"，推进特殊教育

天津市和平区培育学校位于天津市和平区宜昌道 24 号，始建于 1987 年，是一所为全区重度智障儿童提供服务的培智学校。学校本着"给予智障孩子发展的可能"的办学宗旨，与时俱进，开拓创新。2000 年，教育局成立了和平区特殊教育中心，逐步完善九年义务教育，发展学前教育和职业教育。学校寓教于乐，形成了班级授课与个别化教学相结合、知识传授与康复训练相结合的办学特色。学校借鉴普通幼儿园的教学模式，采用结构化教学方法，实施开放性课程，根据智障学生，尤其是孤独症学生的行为特点，培养学生良好的生活习惯和学习习惯。

9 月 18 日早晨，我听了一节生活数学课"认识'8'"，教师教学生认识"8"，包括"8"的形状、含义、写法。班上学生表现积极，段力丹老师先让学生读出"生活数学"这 4 个字，认识照片上的"我"，让学生摸一摸"8"，提问学生"8"像什么，引导学生想一想。有的学生说"8"像麻花，有的学生说"8"像眼镜，有的学生说"8"像葫芦。教师分层教学，做好每一个细节，培养学生倾听常规指令、执行常规指令、点数和看图的能力。学生学得轻松，教师教得快乐，教师很有成就感、获得感和幸福感。研讨评课时，孙校长强调教师一定要有职业幸福感。

教师讲述"土豆的作用和吃法"这节课时，通过视频介绍土豆的营养价值，让学生认识土豆的不同形状，安排学生洗土豆、削皮，整个课堂是在学校技能培养室进行的。课堂上教师始终忙个不停，耐心细致地教学生如何把土豆做成美味佳肴，培养学生的基本生存能力。教师在交流发言时强调，教这些特殊孩子是非常不容易的。

特殊教育教师心中要有梦想，当心怀梦想的时候，便觉得生活有意义，明天会更好。家长盼着自己的孩子有出息，教师盼着自己的学生有个美好的未来。特殊教育教师不奢望"桃李满天下"，但是希望自己的学生能走进正常人的行列，能生存、会生活，做个合格的公民。

手中有事做。教师可以读书、写字，记录一天的工作细节；画画、运动，找到自己的爱好。

工作有成就。教师的成就是什么？特殊学生的点滴进步会让教师觉得坚持就有收获，而收获就是快乐。至于长远目标，那就需要教师有博大的胸怀，也许十年、二十年后，教师才会看到自己的学生像正常人一样生活，这就是成就。虽然部分特殊学生的成就与正常学生相比逊色许多，但是教师做的努力是值得的。

身边有亲友。在天津市和平区乘坐出租车时，一位老司机跟我说："一个人不管有多大成绩、多大成就，都不能离开自己的文化圈子！"教师需要倾诉，需要亲友。那份情谊谁也替代不了。无聊时，找亲人聊聊，找好友谈谈；善待老人，老人的幸福，也是子女的幸福；善待朋友，你的快乐和幸福会传递给朋友，朋友也会因你的存在而感到幸福。

生活有色彩。教师要以积极的态度对待生活，健康的身体是生活有色彩的基本条件。工作之余，教师把自己的工作内容记录下来，分享自己的成就；在学校的康复器材上跑步训练；约几个好友畅谈琐事；看一部电视剧，看一本慰藉心灵的书，听一首老歌，想一段往事。这样的生活虽然看似平淡，但是真实而有趣。

和平区培育学校的教师句句教导入人心扉，感动心灵，给人启发，让人深思。学校不仅让教师感到幸福，还让学生感到幸福。特殊教育教师安静地做好分内事情，以长远的眼光看待学生。特殊学生需要的是生活能力。特殊教育教师在"良心道德境界"走向"幸福道德境界"的过程中，需要一份坚守、执着、淡然的心境。

二、立足课程信息化，享受"融慧"，奉献爱心情怀

9 月 19 日早晨，我随团队来到天津市和平区岳阳道小学观摩学习，一进校门就感受到了学校的智慧办学特色。这所学校始建于 1911 年，时任学校董事长的是著名教育家张伯苓先生。自 1979 年起，学校坚持实施"学校、家庭、社会三结合教育"，提出了"融慧"办学核心理念，即将学校办成"让教师享受教育的幸福，让学生享受成长的快乐"的梦想家园。

学校的德育工作以社会主义核心价值观为核心，以"融慧"核心理念为指引，立足学生的全面发展、和谐发展、终身发展，构建学校德育课程体系。以弘扬民族文化为重点，以系列德育活动为载体，深化学校德育成果，提高学生公民素养，提升学校德育品位，打造学校德育特色。随团成员听了四年级（9）班的一节课——"独一无二的我"。教师提出一些问题并让学生发表自己的见解。我最大的优点是什么？我的梦想是什么？我最喜欢的

书是什么？遇到问题如何处理？各个小组在图表、视频等信息提示下讨论并总结出自己的观点，整个课堂围绕社会主义核心价值观进行，教学过程体现着"融各群体之慧，融各领域之慧，融各文化之慧，着力未来社会对师生之要求"。教师在课堂上调动全体学生积极参与活动。在制作"班徽"的过程中，各小组成员想到了国徽和校徽的图样，教师引导学生制作出不同的"班徽"并做出解读，学生发表不同的见解。教学末尾提出"君子和而不同"的理念，"和而不同"促进了社会的发展，尊重理解，转换角度，学会沟通。

教师在课堂上没有讲解过多的学习内容，所有的教学活动都是在信息化课程的引领下进行的，教师只是一个指挥员、一个调度员、一名导演。而我的教学课堂一直延续着授课习惯，以学到更多的知识为主要目标，忽视了对学生自主探究能力的培养。因此，教师一定要转变教育观念，这也是此次跟岗学习的主要目的。

岳阳道小学在"融慧"的办学理念下，运用"互联网"并通过教育信息化手段加速了学校课程建设，促进了信息技术与德育教学的融合，建立了多种基于信息技术的课程模式。随着教育信息化的不断深入，学科月、德育微视频、网络化大教研等多种富有岳阳道小学特色的活动应运而生，学校信息中心全力做好各方面技术保障工作，信息研发小组助推教师教学信息化。在"独一无二的我"这节课上，教师通过大量的视频和图片展示教育发展的特色，展示40年前的广东，让学生了解国家的发展变化。这既培养了学生的爱国热情，又让学生感到中国的繁荣和强大。教师在课堂上时刻践行社会主义核心价值观，完成情感价值观目标。

首先，教师要有才。教师要不断地充实自己，不断地更新知识。为了获取渊博的教育教学理论知识，教师可以在平时钻研教育教学理论。给学生"一杯水"的时候，教师要有满满的"一桶水"，乃至有源源不断的"长流水"，这就是教育智慧。教师要提升自己的专业特长，坚持不懈地自修业务，不断提高自己的课堂教学水平。

其次，教师要有爱。爱是一个永恒的话题，爱是智慧的融合，教师对学生的爱是一种把心灵和才智献给学生的真诚。这种爱是无私的，它毫无保留地献给所有学生；这种爱是深沉的，它蕴含在为学生做的每一件事中；这种爱是神圣的，它能凝成水乳交融的情谊。教师对学生的爱来自对教育事业的无限忠诚、强烈的事业心和高度的责任感。教师对学生的爱具有巨大的感召作用和教化力量，它能化解学生的逆反心理和对抗情绪，激发学生学习的主观能动性。在日常教学中，教师要无微不至地关心学生，帮助学生，不歧视特殊学生。我在教师岗位上已经工作了 30 年，深深感受到大爱的教育，我无悔于我的生命，更无悔于我的选择，在这三尺讲台上，阅历春秋，苦苦耕耘，用我的爱心、诚心、细心、耐心换取学生的开心、家长的放心！

三、加强安全规范化，落实"三防"，严格工作职责

天津市各校还有一个学习亮点就是校门管理，无论是天津市和平区培育学校，还是天津市中华职业中等专业学校，在学校安全管理"物防、人防和技防"方面做得很到位。学校管理从校门安全监管做起，从落实校警工作职责做起，确保学校教育教学工作的常态化。天津市中华职业中等专业学校监控管理 144 个监控摄像头，实现安全全覆盖；天津市和平区培育学校双门上锁，2 个保安认真执勤，严守职责；天津市和平区岳阳道小学采用封闭式管理模式。

天津市和平区教育局和靖远县教育局建立了"和平—靖远教育联盟共同体"，集中力量打造一批"名师、名校、名校长"，培育靖远教育品牌，搭建交流平台，双方在教育行政管理、学校管理、学校德育、学校教研、队伍建设等方面形成了教育合作与交流大网络。加强学校管理、提升办学品位要从学校安全管理做起，从校门严格管控开始。

增强学生安全防范意识。学校安全问题是当前学校工作的重中之重，也是全社会共同关心的热点话题。学校应把安全工作放在首位，常抓不懈，逐步提高应急能力，建立健全安全工作责任制，定期检查学校的安全教育和防范工作，及时发现、消除事故隐患。着力将安全工作抓实，培养学生的安全意识。

提高学生自我保护能力。保护学生身心健康成长已成为学校的当务之急，学校要利用集会时间对学生进行安全教育，开展以安全为主题的教育活动，特别要从提高学生自我保护能力方面入手，同时要利用板报、标语宣传安全的重要性，增强师生防范意识，营造校园安全环境。

培养学生法治意识。有效预防校园周边和校内暴力、欺凌伤害事件的发生，预防未成年人犯罪。教师要关注学生思想动态、情绪变化，及时发现校园周边发生的各种暴力欺凌行为，对心理上出现问题的学生给予更多的关爱，积极疏导化解，重点关注单亲家庭子女、进城务工人员子女、留守子女以及有缺点学生的身心健康成长。学校可以通过上好一堂富有成效的法治教育课、举办一场富有特色的校园法治教育活动等，把法治教育落到实处，加强学校与社会、家庭的沟通。

增强学生自助自救能力。开展集体活动安全、防溺水、防火、食品卫生安全、交通安全以及防范自然灾害等安全教育活动。安排地震、火灾等应急事件逃生自救演练，提高学生安全防范意识，增强学生自助自救能力。

教育管理工作者责任重大，容不得半点疏漏，务必把安全工作抓实做细。力争做到人人讲安全、事事讲安全、时时讲安全。让安全意识、安全责任深入人心。从严管理，落实责任，形成校长亲自抓、分管领导集中抓、教职员工参与的安全工作体系，把安全工作落实到各个工作环节。让学生舒心，让家长放心，让社会满意。

提升培智教育能力，做幸福的特殊教育教师；加快课程信息化建设，落实课堂教学实效；做实学校安保工作，严格校警工作职责。和平区各校校长严谨的工作、细致的管理、热情的接待、用心的帮扶值得我们学习和借鉴。

校长在这次观摩跟岗培训学习中要不忘初心、牢记使命。校长要"乐于学习"，不断地研修学习、提炼信息、分析总结，建立台账、撰写纪实、交流研讨、提升自己。校长要"勤于思考"，思考自己的办学理念，思考自己的办学目标，思考自己的办学思路，思考自己的工作方法。校长要"善于沟通"，学会与领导沟通，学会与教师沟通，学会与家长沟通，学会与学生沟通。校长要"铸就理念"，锻造校长的办学理念，宣传校长的办学主张，提升教师的教学理念，实践教师的教育智慧。校长要"坚守一线"，以敬业的精神逐步形成校长文化，以人生的气质逐步树立校长信念，以扎实的底气逐步增长校长学识，以坚韧的锐气逐步造就校长品格。校长要"经营学校"，规划学校发展，营造育人文化，领导课程教学，帮助教师成长，优化内部管理，调适外部环境。

（2019 年 9 月 22 日）

融合教育，有爱才美，因爱而精彩

——参加"辽宁师大特殊教育专业研修校长培训班"学习纪实与心得

2019 年 10 月 15 日至 21 日，在甘肃省教育厅统一组织下，我随学习团队前往辽宁师范大学参加特殊教育教研员、校长专项研修培训。研修期间，"集中讲授与专题讲座、实践观摩与研讨反思、互动交流与总结展示"的培训形式使参训人员的教育理念得到提升、办学思路得到扩展，基本达到预期培训目的。

一、聆听讲座，提升特殊教育学校办学水平

10 月 16 日上午，参训人员聆听了袁茵教授的"特殊教育学校质量提升之课程与教师"讲座。她梳理了甘肃省第二期特殊教育提升计划取得的成果和存在的问题，认为特殊教育仍然是教育体系中的薄弱环节，特殊教育的发展要因地制宜，特殊教育师资队伍专业水平有待提高，甘肃的特殊教育工作要用甘肃智慧来完成，校本课程开发和教师专业成长是促进特殊教育发展的两大要素。特殊教育校长一定要巩固好特殊教育成果，加快推进特殊教育改革与发展，进一步提升特殊教育质量。她强调坚持深化改革，创新方式方法，保证特殊教育教学和康复训练质量稳步提升。

众所周知，特殊教育质量提升的主要任务是提升教学质量。特殊教育学校要努力完善适合残疾儿童学习特点的教材体系，积极推进特殊教育学校校本课程建设，构建具有本地特色的特殊教育教材课程体系，提高特殊教育教师专业化水平。

"课程"指"满足特殊教育需要的课程目的、课程内容、课程实施、课程评价等教育活动的总和"。校本教材要以国家政策为导向、以学生特点为基础、以学生发展为核心、以地方特色为优势。

特殊教育是很难做的，教育对象比较复杂，学生发展规律比较复杂。特殊教育强调"个体差异"，而普通教育研究"个别差异"。

袁教授在谈论培智学校教师专业能力存在的问题时强调，教育评价能力不足、康复与教育结合能力不足、学生问题行为干预方式单调、反思成效不显著等会使教师产生职业压力。当然，一个人如果没有职业压力就没有进步，适当的压力能促进教师专业成长。教师要通过预防和自我减压的方式减轻职业压力，以科学的精神追求特殊教育的完美。

10 月 16 日下午，参训人员聆听了王志强博士的"融合教育背景下特殊教育学校的变革"讲座。他从融合教育的法律基础、发展与问题讲起，对特殊教育融合教育诠释到位，他认为特殊教育学校的建设与发展模式无法从根本上满足我国适龄残疾儿童、少年接受教育的需求。他从"三残儿童"随班就读工作的开始到《残疾人教育条例》法律文件的出台，阐述了特殊教育发展的艰难步伐和存在的问题。

融合教育主张将对特殊儿童的教育最大限度地融入普通教育，让特殊儿

童自由通达学校内各学习、活动场所，与教师、同学形成良好的人际关系。

培智教师要掌握特殊教育一般性课程，如生活课程（生活语文、生活数学、生活适应）、音体美劳课程（畅游与律动、运动与保健、绘画与手工、劳动技能）。培智教师也要掌握特殊教育选择性课程，如信息技术、康复训练、艺术休闲等。

面对特殊教育需求的多样化、课程改革与调整的压力，学校需要对教师队伍专业结构和教师个体知识结构进行调整，以满足融合教育背景下特殊教育学校发展的需要。

10月18日晚上，参训人员聆听了景时副教授的"融合教育理论溯源及实践策略"讲座。长久以来，残疾儿童都是在特殊教育学校接受教育，这被看成理所应当的事情。其实，融合教育就是全纳教育，每一个儿童都有受教育的基本权利。有特殊教育需要的儿童能够进入普通学校，普通学校要满足每一个儿童独一无二的个性特点、兴趣、能力和学习需要。残疾儿童在特殊教育学校所受的教育只是特殊教育的一部分，特殊教育不等于残疾人教育。残疾是一种生理损伤，是一种功能限制。特殊教育的范围很大，是全人类、全社会的事情。

10月20日上午，参训人员聆听了于松梅教授的"特殊儿童评估的基本原理与常用工具"讲座。她从评估与特殊教育、评估的基本原理、常用评估工具简介3个方面做了细致入微的讲解。特殊儿童的评估贯穿特殊教育工作的全过程，包括教育计划、评估监控、筛查、转介、鉴定评估、教育安置等。

校长要组织教师制订"一人一案"的实施计划：用合适的评估工具和评价方法，综合评估学生的特殊教育需要；根据评估结果、学生身心特点和课程内容，制订学生个别化教育计划，合理调整教学目标和教学内容，编写个别化教学活动方案。

没有特殊儿童的评估，教师很难实施教育的全过程。评估实际上就是收集资料的过程。

10月20日上午，参训人员聆听了黄丽娇副教授的"特殊儿童个别化教育计划理念与实施概要"讲座。她详细解读了个别化教育计划及其在教学中的作用，强调个别化教育计划是教师设计教学活动、创设教学环境、实施教学活动的重要保证，也是特殊儿童教学评价的重要依据。学校要完成收集个案资料、召开个别化研讨会议、拟订个别化教育计划、开展教学和服务、评估和调整个别化教育计划等流程。个别化教育教学不是"一对一"的教学活动，而是在课堂上对不同孩子采取的分层教育活动。教师要秉持尊重差异、有效教学、强化操作的教育理念，实施特殊儿童个别化教育计划。

10月20日下午，参训人员聆听了大连大学教育学院心理学教师、心理学硕士盖晓红的"特殊教育工作者的压力管理"讲座。随着现代社会生活节奏的加快，社会压力、生活压力和竞争压力变得越来越大，盖晓红老师激情奔放的解读教会教师如何应对压力。在互动活动中，盖老师通过实例讲述等方法教大家正确认识各种压力，灵活调整心态以应对不同的压力。盖老师列举了许多数据，截至2019年7月24日，全国共有各级各类学校51.88万所，学生2.76亿人，专任教师1 672.85万人。全国共有特殊教育学校2 152所，教师5.87万人。盖老师还解读了部分特殊教育教师在成就感低、琐碎事多、家长不配合、管理有困难、专业闭塞、职业倦怠等方面的困惑。教师要感受政策倾斜、待遇提高、专业标准建立的幸福感，要期待"加强教师队伍建设、社会支持、家校合作"的美好愿景。教师工作是为了养家糊口，为了有更大的发展空间，为了给自己的孩子做个榜样，为了实现个人的社会价值。

盖老师的一番讲解使教师对心理压力有了新的认识和了解，完全没有心理压力的情况是不存在的，教师既不能对心理压力掉以轻心，又不能谈压色变。教师要正确认识压力，灵活调整自己的心态，做好自己。

二、观摩学校，启迪校长工作思路

大连盲聋学校占地面积9 000多平方米，建筑面积4 100平方米，生活综合楼占地面积6 000平方米。学校现有学生387人，其中随班就读学生109人，在校生278人，按学前、义务和职业高中教育三个阶段开设学科。学校共设立26个教学班：盲生教学班8个（含小学、初中和职高，其中包括一个孤独症康复班），聋生教学班18个（含幼儿、小学、初中、高中）。全校教职员工121人，其中研究生3人，本科生92人。学校有康训综合楼和教学综合楼，配有75个监控摄像设备。

这所学校始终秉承"为每一名学生自信而独立地生活奠基"的办学宗旨，努力协调各阶段教育，加大学前教育和职业教育阶段的探索，加强义务教育阶段的改革，注重学生的德育，把核心理念"以学生发展为本"逐步内化为教师的教育价值观，不断探索适应教育和社会发展需求的特殊教育之路。

大连市中山区培智学校是一所融教育与康复训练为一体的特殊教育学校，招收孤独症儿童、发育性障碍儿童、多重障碍儿童等各类学生。学校立足本校实际，以"有爱才美"为精神追求，以"尊重差异、满足需求"为办学宗旨，倡导"平等博爱、开放融合、和谐生态、成功快乐"的理念，致力创设无障碍的学习环境和生活环境，为有特殊需要的儿童提供教育服务，力争培养学生生活自理能力，办成家长满意、社会认可的规范化、专业化、特色化的特殊教育学校。

学校在"有爱才美"的精神引领下，强化"生态环境"建设，让学生在观察生命成长的过程中，学会感恩生命、珍视生命。学校室内环境创建"动态走廊""说话墙壁""温馨教室"等特色文化。教学楼一、二层教学区以学生为主体，充分发挥环境蕴含的展示、熏陶、教育、康复等作用；三层办公区以教室为主体，充分体现校园文化创建的初衷，更好地激励教师在专业道路上潜心研究、无私奉献。中山区培智学校从大的办学理念到小的教育细节，从学校整体展示到个人空间构建，充分考虑了个体间的差异，更好地满足了师生的发展需求。

中山区培智学校教师团队以"敬业、勤业、乐业、专业"为职业追求，用"乐观、创新、勤勉、踏实"的工作态度团结协作，在不断积淀的专业道路上互助共赢、蓬勃发展。他们"敬畏生命、敬重事业""敢于创新、勤于钻研"，在生活中寻找幸福，在工作中创造幸福，用全身心的爱守护特殊生命的"繁华"。

大连市沙河口区启智学校始建于 1983 年，新校舍由沙河口区政府投资兴建，2013 年投入使用，建筑面积 10 800 平方米，操场占地面积 1 500 平方米，设有地下两层体育馆，15 个康复教室，9 个专业教室，教室信息化程度很高。学校充分体现人文关怀，增设学前教育和职业高中教育。学校以"让学生学有所得，学有所长，成为自食其力的劳动者"为宗旨，以"简单、勤奋"为校风，以"做我们能做的，一切用心说话"为教风，以"战胜自我"为学风。

学校有 9 个主题花园（梅园、兰园、竹园、菊园、海棠园、碧桃园、樱花园、石榴园、白桦园）和 3 个种植园（桃园、杏园、梨园）。四季有景，一步一景；四季有花，花香满园。学校实现了教育内容环境化、教材选择人本化、教学过程生活化、特长培养个性化。学校在教学方面努力做到"建设高效课堂；扩大办学规模；医教结合，开展个性化教育；送教上门，情暖人间；普特融合，互助共享；真爱生命，爱心奉献"。学校高度重视融合教育，做到有教无类，为特殊孩子打开了一扇窗。

杜增敏校长带领我们参观了整个校园，高雅温馨的教学楼和综合楼耸立于沙河口区。学校培智功能齐全，教学和康复器材丰富，体育康复训练设施种类齐备。

大连市甘井子区周水子小学建于1916年，有35个教学班，1 820名学生，其中随班就读学生12名，教师89名。学校围绕"乐学教育浸润孩子一生"的办学理念，以"依法治校、文化润校、质量立校、特色强校"为办学思路，以"学生乐学，教师治学，学校是学习共同体"为办学目标，实施以"乐知为学、乐品阅读、乐养品行、乐修艺美、乐健身心"为核心的"乐学教育"，创建并形成了"优质高效"的乐学课程。学校将随班就读融入办学品牌建设中，尊重儿童个体与性情，使每一位学生享受"有内容、有价值、有导向、有教育"的"乐学"文化浸润。

对于每一个特殊学生，周水子小学始终以特殊教育专家的评估为依据，实施个别化教育计划，并通过融合教育，让特殊学生融入普通教育环境。周水子小学与辽宁师范大学发展心理学团队合作开发"儿童人格社会性心理调查"项目，采用德国移动脑电图分析系统测量儿童大脑反应数据，多水平、多维度地了解学生的人格社会性发展水平、发展特点以及心理健康水平，制订适合学生个体的培养方案，更好地教育和培养特殊学生。

学校整体呈现"朴素、自然、优美、整洁"的特点，用学生的绘画作品打造朴素本色文化。发展特长生，演奏钢琴曲，书籍进楼道，背诵诗文集，全脑练思维，丰富课间文化生活，营造"乐学"氛围，彰显学校"乐学教育"办学特色。兰秀玲校长办学理念很独特，她肯定地说："我们的学生比较爱读书，小学毕业时一定会读完100本书。"

大连市甘井子区特殊教育指导中心建于2003年，在寸土寸金的大连市甘井子区占地面积11 000平方米，现有教师49人，学生336人，是一所融教育、康复、培训、指导、科研为一体的特殊教育专业服务机构。该中心坚持"一切为了孩子的终身发展"的办学理念，以"生命共同体"价值观为核心，办好适合每一个孩子的教育，努力追求"与众不同"。

该中心针对智力障碍、孤独症、言语障碍、心理行为障碍等多重障碍学生提供综合评估、个性化训练等教育、康复、保健服务。其通过打造区域融合教育行政"领导力"、教师"专业力"和学校"文化力"，以"行政＋专业""专业＋特色"的融合教育联动服务体系，形成包容、接纳、支持、帮助的融合教育氛围。

董欣校长做"提升特殊教育服务能力，推进融合教育创新发展"的专题解读。她讲述了甘井子区特殊教育发展情况，从特殊教育管理的层面解读集教育、康复、培训、指导、科研于一身的特殊教育，特别是融合教育工作的具体实施。在辽宁省第二期特殊教育提升计划的指导下，她建立起特殊教育培训中心、教育科研中心、家长资源中心、融合教育指导中心，服务全区95所中小学校，推进和加强融合教育工作的指导和管理。她说："普通学校的融合教育不仅包括智力残疾儿童、孤独症儿童和肢体残疾儿童，还包括交流障碍儿童。"她还提醒，没有医教结合的服务环节，特殊教育很难落实接地。普通学校校长的领导力是推进融合教育的关键，校长要起到决策、领导、坚持和导向的作用。

参观完学校后，参训人员听了一节生活技能课"汉堡的制作"。6名学生参与制作汉堡，其中4名学生患有唐氏综合征。在几乎没有言语交流的过程中，任课教师竟然教会了学生制作汉堡，让特殊的孩子懂得做汉堡的步骤，培养学生"你行我也行"的生活能力。这是一堂真真切切的生活技能优质示范课。特殊教育学校的最终目的是通过康复教育尽快让学生回到普通学校读书，完成融合教育，所有学校都要达成共识，特殊教育的主战场已经不是特殊教育学校，而是普通学校。

三、开发课程，重建学校发展之路

通过聆听讲座和观摩学习交流，我认识到构建校本课程体系是必然之选。大连市中山区培智学校实施校本化课程，依据学生实际能力编写生活化、实用性校本教材，如《唱响生活》《快乐运动》《能工巧匠》《能说会道》《精打细算》《多彩世界》等。除一般性课程外，学校还开设了个别化训练、感觉统合训练、认知言语训练、沙盘治疗等康复性课程，同时开设了手工艺、茶艺、缝纫、朗诵、绘画、特奥、器乐等选择性课程。培智学校教师授课轻松，学生学习舒心，家长放心，社会满意。

培智学校为了满足每一个学生的发展需求，大胆进行课程开发，采用"走班制"授课形式组织教学，制订个别化训练计划。培智孩子像大学生一样拿着课本走到不同的教室，与各班学生一起上课，成为校园里一道亮丽的风景线。

周水子小学研发的全脑思维训练模式，通过课程内容的开发和利用，在学生智力发展和思维训练方面取得了显著成绩。参训人员听了一节"课文快速背诵"思维训练课。教师通过"静心调适、眼脑机能、闪视、缓解视力疲劳、注意力集中、思维导图分享、诵读课文、计时背诵"等全脑训练，使学生熟能生巧，一点就通地快速背诵课文，课堂信息量大，提升了学生的记忆力、理解力和反应力。

四、深度学习，打造特色校园文化

学校的管理影响力是通过校长先进的办学理念和严谨的做事风格体现出来的。大连市中山区培智学校校长高轩和她的团队热情地迎接学习团队，毫无保留地介绍了学校的发展和取得的成绩。学校依山而建，层层高升，绿化成荫，规划合理，每一个角落都体现着"有爱才美，用爱启迪生命，以情陪伴成长"的精神追求。校长的"精准、有爱、快捷、高效"的工作精神感动着每一位观摩学习成员，引领着教师积极参与、凝聚思想、爱心奉献、实现梦想。

培智学校的校外志愿者团队在不停地忙碌着，有的扛着摄像机东奔西跑，有的带领学习者上下走动，有的组织交流着"爱"的话题，有的诠释课程的校本开发。这些举动无不体现着校长的精神文化在引领学校的发展，无不体现着学校管理的精细、精准。观摩团体在学校用午餐时看到了现场实况剪辑视频和团队合影照片，这只是体现学校发展与管理快捷高效的一个细节。高校长脱稿解说学校发展长达30多分钟，她的职业追求和精细管理体现着一名校长的精神气质和文化，体现着学校"有爱才美""因爱而精彩"的精神境界。

袁茵教授在授课时讲到"培智学生课堂难度较大"的时候，她风趣地说："要求培智学生课堂完美，这个课就不要上了！"课堂完美需要教师用大爱去实现，这才是"有爱才美"的真正理解，这才是真正的特殊教育教师文化。

五、研讨反思，推进融合教育发展

融合教育工作已成为大连市学校的一项常态化工作，处处体现教师较高的特殊教育素养，校校彰显特殊教育的办学特色。一些普通学校教师在特殊教育素养这方面与大连市普通学校教师有一定差距，许多关于融合教育的工作还没有真正落实，有的学校的档案资料尚不健全。特殊教育工作者有责任在这方面尽自己的绵薄之力。

（一）做好宣传，转变特殊教育观念

要想顺利、有效开展融合教育，决策者和实施者应该提高认识、转变观念。目前，普通学校的校长、教师对特殊学生的态度大多还停留在同情、照

顾的程度，并认同特殊学生在特殊教育学校或残联康复机构接受教育。大连市是国家融合教育推行示范区。特殊教育人要做好宣传，转变教育观念，不再认为残疾孩子是累赘，真正用心、用情、脚踏实地地推行融合教育工作，让残疾孩子真正享有教育权，将"因材施教""以生为本""一人一案"的口号落到实处。

（二）融合教育，加强教师专业提升

融合教育对象由于生理、智力等缺陷比同龄的正常学生发展缓慢，这也就决定了融合教育工作的复杂性、艰巨性，同时要求教师必须有爱心、有责任感，更重要的是教师需要有丰富的特殊教育专业知识和技能。鉴于此，学校需要进一步完善教师教育体系建设，继续做好师资培养工作。

国家要为融合教育师资培养及教师工作提供法律支持和政策保证。制定健全融合教育工作的各项政策和规章，并为教师受训提供必要的资金扶持。建立融合教育教师资格证或上岗证是一种有效可行的方式。明确融合教育工作的师资条件、细化师资培训目标是选拔和培训师资的重要依据。教师应懂得特殊儿童的身心特点及教学基础知识，制订个别化教育计划，进行课程设计，灵活调整融合教育教学内容，进行简单的评估诊断，合理运用特殊教学工具、手段等。

明确融合教育师资培养目标，拓宽培养途径，扩大培训范围。发挥各校学校资源教室的作用，加强教师的培训、指导、咨询。

（三）结合实际，构建灵活拓展培训模式

做好全员培训工作，对全县所有教师进行培训，普及特殊教育基础理论。做好专项培训工作，对教师进行专项培训，提高他们的特殊教育专业素养。做好校本培训工作，通过教研活动对融合教育的班主任、科任教师进行培训。构建合理的师资培训课程内容，课程内容既要包含特殊教育教师素养和技能知识，又要符合基层学校特殊教育教师的实际需求。师资培训内容包括融合教育的理念、相关政策、法律法规知识。基础知识包括学科知识、融合教育儿童身心特点及规律、教育教学理论。操作技能包括融合教育儿童的教学目标和个别化教育计划、融合教育儿童教材调整、融合教育儿童的指导与训练、融合教育儿童缺陷的矫正与补偿等。寻求社区、学校与家庭的合作。

为爱而来，因使命相聚。认真领悟大连市特殊教育机构、学校的特色和

第二期特殊教育提升计划的实施过程，把优秀的特殊教育案例、融合教育学生的评估策略、教师压力管理的策略带到特殊教育"基地"，还原特殊教育的本质，带着特殊教育发展理念、融合教育基本发展方略，共同推开特殊生命之门。恩泽生命，时光不老，共同期待特殊生命的美好未来！

（2019 年 10 月 24 日）

携手同心办特殊教育，交流互鉴促发展

——赴定西市渭源县特殊教育学校观摩学习心得

为了认真落实《第二期特殊教育提升计划（2017—2020 年）》，结合靖远特殊教育学校培智教学课程建设和教师专业发展实际，切实搭建教师专业化成长平台，打造优秀特殊教育教师团队，进一步提升教师专业成长和课程建设能力，加强培智优质教育资源交流与共享，2020 年 10 月 20 日至 21 日，学校组织全校教师赴定西市渭源县特殊教育学校观摩交流学习。

一、分享精彩，牢记在心

2019 年 7 月 1 日至 3 日，我参加了渭源县特殊教育学校举行的全省培智学校综合课程课堂教学展示研讨会，来自全省各地特殊教育培智学校的校长、教师近 70 人参加了研讨活动。

在研讨会上，张掖市特殊教育学校副校长姚珊介绍了学校的"融合＋学科＋个训"课堂教学模式，分享了学校的个别化训练经验。兰州市城关区辅读学校校长杨永霞介绍了学校以生活化主题单元统整各领域知识的综合课的探索过程，她认为学生能得到发展的教育就是好的教育。渭源特殊教育学校校长张玉琴介绍了学校分科课程与综合课程相结合的课程设置模式。学校采用包班制的形式探索综合课，一至三年级每周设置 3 节综合课，四至五年级每周设置 2 节综合课。在培智教育教学方面，渭源特殊教育学校已经走在了全省的课改前列。

二、彰显理念，牢记使命

渭源县特殊教育学校是一所九年一贯制寄宿制培智学校，始建于 2012 年，

2014年建成招生，建筑面积4 004平方米，有生活康训楼、教学楼各一幢，设有康复训练室、感统训练室、手工活动室、心理咨询室、陶艺制作室、烹饪实训室、洗车实训室、积木搭建室等功能室。现有学生85名（在校学生63名，送教上门学生22名），教学班7个，教师24名。

学校以"让每个生命精彩绽放"为办学理念，以"自尊、自信、自立、自强"为校训，以"真爱相伴、责任同行"为校风，以"爱育爱、启智启、手牵手"为教风，以"点滴认识、点滴模仿、点滴进步"为学风，以"为每个孩子提供适合的教育，促进他们融入社会"为办学宗旨。张玉琴校长和她的团队一起为特殊孩子营造了优美、舒适、温馨、快乐的生活环境和学习环境。

靖远特殊教育学校和渭源特殊教育学校有着共同的办学理念，秉持"让每一个生命绽放光彩"的办学理念，逐步实现"能生存、会生活"的办学目标，以"关爱相伴、点燃梦想"为校训，以"自尊自爱、自强自立"为校风，精心打造"爱心奉献、耐心浇灌"的教风，努力营造"好学上进、百折不挠"的学风。学校坚持文化教育与康复训练并举，注重艺体教育，促进学生多方位发展。努力创建美丽、文明、和谐的特殊教育学校，实现培智学生的快乐梦想、成长梦想。

三、交流感悟，收获成果

（一）教师专业能力强

教师不仅是教学的能手，还是培养学生生存能力的带头人。教师通过自己的教学能力来培养学生的生存特长，为学生的人生道路指明方向。渭源特殊教育学校教师刘月辉主持教学评课活动时表现突出，语言表达流利，解读思路清晰，点评简单到位。刘老师提倡"综合内容有重点，活动参与有热情，生活回归有起点，健康成长有乐趣"。他认为在校的特殊孩子比正常孩子更需要爱、理解和关注，特殊教育教师肩负的责任更大，不仅要"为人师"，还要"为人母"。方建军、冯水兰两位教师的"插花"课堂，既让学生了解了花的相关知识，又让学生学会了动手插花。

（二）管理制度合理化

学校把理论与实践结合起来，上午实施知识性课程，下午实施实践性较强的综合能力培养课程。学生细心保持宿舍干净整洁，物品摆放有序。这体现出生活管理的秩序化、制度管理的科学化，以及学校对特殊儿童的关注和呵护！每一次进步、每一个成果都让学生找到了自信。

（三）文化建设理念新

校园给人的感觉：静、阔、亮。校园干净温馨，安静有序；操场宽阔亮丽，舒适迷人。楼道和班级的标语、绘画等体现着教师对学生的浓浓爱意和殷殷期盼。校歌《别样年华》写道："我们不再孤独，我们不再迷茫，每天沐浴在爱的海洋，点滴做起，点滴进步，让自己的生命精彩绽放！"校歌体现出特殊儿童自尊、自信、自立、自强的生活精神，彰显学校"以学生为中心，关爱特殊儿童健康成长"的办学思想。

（四）教育学校教学模式生活化

校长张玉琴在总结讲话时强调："学校的发展就是课程的发展！教学要走向生活化。"渭源特殊教育学校学生的基础知识非常扎实，教师注重个别化教育。

冯水兰、方建军两位教师的综合课"插花"，教学目标是"变废为宝"，创意新颖，生动有趣，在知识和技能培养方面，教师把学生分成A、B、C三个层次，注重个别化教学，A类学生能够认读词语"变废为宝""雪碧""可口可乐"，B类学生能够跟读，C类学生能够参与，教学效果显著。教师通过示范让学生动手操作，感受插花艺术，提高了学生的手眼协调能力和审美情趣。教师利用视频激发学生学习兴趣，利用图片导入课堂内容，通过动手制作培养学生生活技能。这节课成功地让教师完成了特殊教育课堂的教学任务，是一节回归生活的自然课堂，让"变废为宝"达到了极致，整个课堂彰显了"我们和别人一样"的理想追求。

漆彦军、张鸽两位教师的综合课"扑克牌游戏"教会学生用数学知识来解决生活问题。在知识和技能培养方面，教师把学生分成A、B两个层次，注重个别化教学；在课堂上，教师指导学生以小组合作的形式完成学习内容，在情景游戏活动中让学生体验娱乐带来的快乐；课后，教师布置了游戏作业，让特殊儿童参与家庭生活。

上午听完课后我一直在想：为什么这些孩子的基础这么好？为什么我们学校的学生连简单的词语都表达不清楚，而这里的学生居然能把长长的句子说出来？

渭源特殊教育学校教学内容的选择和实施始终以学生为中心，正如校长张玉琴讲的"学生需要什么就补什么，从生活中的问题开始"。因生定教，创设真实的生活场景，提供真实的材料，在教学活动中培养学生的生活适应能力与自我服务能力，各学科主题下相关知识的融入与统整是自然的，展示课采用的教学方法是灵活的、多样的，展示课是开放的，课堂中的学生是快乐的。

渭源特殊教育学校综合课程课堂教学展示活动是一次课堂教学改革的探索，教师在课堂上的展示，启发着每一位特殊教育同行，教师应将新的教学理念落实在自己的教育教学岗位上，根据学生实际进行课堂教学改革。

教师要认真总结自己的课堂，加强对学生合作意识的培养，教给学生观察的方法，培养学生的动手能力，促进特殊孩子健康成长。

（五）技能培养多样化

课堂教学活动的主角是学生，教师只做辅导和引领工作。综合课堂能充分培养学生的参与能力、表达能力和应变能力，在教学中充分挖掘特殊孩子的潜力，培养他们的生存自信，提高他们的生活能力。

音乐课教师通过手鼓的操作来培养特殊学生的协调配合能力、音乐欣赏能力、适应音乐器材能力，学生则按照教师的指导和引领完成综合性训练，在知识方面得到了积累，在康复训练方面得到了提升。张玉琴校长讲道："特殊教育就是让学生融入社会，缩小和正常人的差距。"

对于智力程度不同的学生，教师要利用专业性强的不同功能设施辅助学生健康成长；对于言语程度不同的学生，教师实行个别化教育；对于智障学生，教师要创立情景教学模式，充分利用专业功能教室，让学生在语言、行为、社交、社会适应等方面得到一定的发展。

四、提高认识，谋求发展

（一）教师要具备科学决策、抓落实的能力

张玉琴校长的精彩报告、校园文化氛围的营造和综合教学课实施与应用过程的分享，使教师对特殊教育新课标有了全新的认识，深刻理解了综合课程的适用性和重要性。综合课程的有力推进不仅体现出渭源特殊教育学校校长科学决策的能力，还体现出渭源特殊教育学校抓落实的能力。教师要有较强的组织能力和管理协调能力，这样才能使综合课教学更有效率，更好地促进特殊学生的发展。

（二）教师要清楚认识特殊教育

特殊教育从知识传递和生活常识给予的角度反映了教师的重要性。教师要懂得学生受教育的过程是人格完善的过程，教师的人格力量是无形的、不可估量的，教师要真正成为特殊学生的引路人。教师要富有"爱心"，对学生的爱应是无私的、平等的。教师和学生心灵贴近。教师必须懂教育学、心理学、健康心理学等知识，了解特殊学生的心理特点、心理困惑、心理压力等，给予特殊学生必要的指导和帮助，培养特殊学生健康的心理品质。

（三）教师要提升自身素质

渭源特殊教育学校综合课体现了新时代特殊教育的新理念。在课程资源目标建设方面，渭源特殊教育学校充分考虑到不同类型特殊学生的认知能力、学习方式、个性特征和身心发展特点，针对特殊学生的需求，开发满足特殊教育课程与教学改革需求的优质资源。在课程资源内容建设方面，渭源特殊教育学校构建以提升生活质量为核心的开放的课程，既注重现实生活需求，又注重社会发展需求。同时，特殊教育综合课的推进需要规范特殊教育的教材建设，开发针对学生特点、符合课程标准，具备通用性、系统性、科学性、实用性相结合的校本教材。这有助于教师专业能力的进一步提升，有助于探索具有智慧教育属性的特殊教育数字化课程资源建设之路。

教师的一言一行对特殊学生有很大的影响。新时代的教师必须不断完善自己，不断学习知识，在实践中总结经验，提高自身素质，严于律己，以身作则，在特殊学生面前树立一个实实在在的榜样。教师具有独特的教育魅力，其精神面貌会对学生起到良好的示范作用，因此教师要心情乐观、情绪高昂、态度和蔼、活泼开朗。

（四）教师要充满信心和动力

张玉琴校长说："综合课程的设计要注重学生的个别化发展；教材统整使教师走出格式化教学内容的设计，使教育生活化；融合教育理念的转变要从教师自身转变做起，从教师教学技能的融合做起；教师的评课水平体现的是教师的教学能力；有意义的特殊教育课堂要体现综合性和补偿性。"

四位展示课的教师都对参训人员寄予了很大的期望，他们在自评中鼓励参训人员尽快适应新的综合性教学环境、生活环境、人际环境；激励参训人员做终身学习型教师，做不断适应新知识、新问题、新环境的教师，坚持创新，在教学中发挥自己的聪明才智，在康训中体现自己的教育智慧。渭源特殊教育学校的教师团队对特殊教育的执着与情怀、校园文化创意和综合课教学模式的落实启发教师要对特殊教育工作充满信心和动力。

总之，这次观摩学习使我在学校能力提升和课程发展方面有了强烈推进的欲望，我认为综合课程的推进和实施要从学生的兴趣、经验和发展需求出发，使教学过程生活会、情景化。只有提升培智教育教学个别化教育能力，提升教师自身的学科专业技能、生活适应能力和心理辅导能力，才能推进特殊教育综合性课堂的有效实施，才能真正达到"携手同心办特殊教育，交流互鉴促发展"的目的。特殊教育人有决心保持一颗无私的爱心，让特殊教育在每一个孩子身上获得成功。

（2020 年 10 月 22 日）

第三章　教师成长第三历程：走进教研

——在教学中提高专业水平，在研讨中加强专业修养

教学研究活动包括听课、说课、评课交流等内容。部分学校的教研活动开展得不够扎实，没有发挥出教研活动应有的作用。比如，部分教师对于听课的方向、听课前准备以及听课时要观察的要领的把握仍有待提高。

教师要结合学校各阶段工作来开展教研活动，促进教师间的交流和合作，以达到教学相长的目的。在这些活动的开展中，教师应互帮互学，共同进步。这样的教研氛围，不仅加深了教师间的相互了解，更促进了教师教学技术的提高，达到了取长补短、共同发展的目的。

在七年级第一次月考成绩分析会上的讲话

第一次月考已经结束，今天我们坐在这里，给自己的工作做一个客观的评价。在各位班主任和科任教师的共同努力下，教学成绩、班级管理、班级活动等方面取得了一定的成绩，这是大家有目共睹的。但是今天的会议不是让我们展示成绩，而是要我们借这个平台来深层次反思我们的不足，以期在以后的时间里更好地调整工作思路，不断完善工作方法，切实提高工作效率。我简单讲以下几点，不足和不对之处敬请大家批评指正。

一、开学一个月内学校开展的工作

从 8 月 26 日至今，正常上课只有 28 天，七年级全体师生参加了学校举行的庆祝教师节的活动，帮助了贫困学生，奖励了优秀教师。通过班会，班

主任对学生的生活习惯、行为习惯进行引导。同时在 9 月，班主任以及科任教师常抓不懈，七年级各班现阶段的班风比较正，学风也不错。七年级全体师生在 9 月 29 日参加了学校举行的队列队形广播体操比赛，在班主任和科任教师的共同努力下，七年级在比赛场上展示了年级的风貌，起到了正面教育的作用，真正提升了班级的凝聚力。（1）班 552.7 分，（2）班 537.5 分，（3）班 540.8 分，（4）班 561.6 分，（5）班 546.5 分，（6）班 552.1 分，（7）班 540.4 分，（8）班 546.9 分。倒数第一名为（2）班，倒数第二名为（7）班。和月考倒数名次相同，这一点值得班主任反思。再看八年级的比赛成绩：第一名（5）班，第二名（2）班；月考成绩：第一名（5）班，第二名（2）班。再看九年级比赛成绩：第一名（1）班，第二名（2）班；月考成绩：第一名（2）班，第二名（1）班。

二、第一次月考成绩分析

考试涉及 3 科，每科满分均为 100 分，总分 300 分。参加考试总人数为 268。从年级整体看：优秀分数（总分 240 分以上）有 59 人，良好分数（总分 180 分以上）有 175 人，180 分以下的合计 93 人。年级前 50 名及 150 分以下的有 50 人：（1）班分别为 6 人、6 人；（2）班分别为 6 人、8 人；（3）班分别为 8 人、4 人；（4）班分别为 7 人、5 人；（5）班分别为 6 人、5 人；（6）班分别为 8 人、5 人；（7）班分别为 4 人、8 人；（8）班分别为 5 人、9 人。从平均成绩看：语文（6）班高出（2）班 11.29 分，数学（6）班高出（7）班 10.68 分，英语（5）班高出（2）班 10.40 分。从总评差距看：（1）班 65.60 分，（2）班 60.83 分，（3）班 67.09 分，（4）班 65.76 分，（5）班 67.47 分，（6）班 69.45 分，（7）班 62.90 分，（8）班 63.39 分。最高为（6）班 69.45 分，最低为（2）班 60.83 分。从年级前 10 名看（共 18 名学生）：第一名为（2）班郭雅馨 284 分；第二名为（7）班王玉能 278 分；第三名为（8）班王进京 274 分；第四名为（6）班武天风、杨富英 271 分；第五名为（8）班韩振媛、李宗昱，（6）班武仁帅 270 分；第六名为（7）班杨天地、（6）班刘春雨、（3）班史倩 266 分；第七名为（3）班张宝月、（5）班宋帆 265 分；第八名为（4）班万学娜、（1）班万艳慧 264 分；第九名为（6）班武向莹 263 分；第十名为（1）班万玉萍、刘回国 262 分。

从以上数据来看，各班之间差距不大，发展均衡，整体态势很好，没有出现班级两极分化的情况。我想如果能够这样持续发展下去，未来三年应该能有不错的成绩。

三、今后工作建议

班主任及科任教师要针对本班、本学科情况，认真分析，同本学科后进生、成绩退步或者该科目偏科的学生单独谈话，关心他们，不要让学生掉队。两极分化不利于班级的管理，不利于学校的稳定。稳住后进生，提高他们的学习兴趣和成绩，这也是形成好的纪律、好的班风的有效途径。咱们基本上要跟学生走三年，如果从现在开始你就放弃他，不管他，甚至连不及格也不过问，那你去班里上课就很难有良好的课堂纪律。实际上，考完后有许多教师已经在主动找学生谈，他们在这些方面都做得不错。

继续强化养成教育。一些常规管理，如统一穿校服、文明礼貌、爱护公物、宿舍卫生、课前要求、课上要求、课间操纪律等要反复强调。这不仅是班主任的事情，科任教师也要管。检查课堂纪律的时候我发现，同一个班，同样的学生，有的教师上课时，学生遵规守纪，而有的教师上课的时候出现了乱堂的现象。咱们不仅要传授知识，还要组织好课堂，教给学生做人的道理，维持好班级纪律。

提高课堂效率。向 45 分钟要效率，同步辅导、阶段性的检查都要跟上。自习课上少讲多练，咱们与其他学校相比在时间上不占优势，但这不是我们个别科目成绩偏低的借口。我们要在同样的 45 分钟教学时间内提高效率，必须在课堂上下功夫，跟上课后辅导。

只要班主任管理班级的时间跟上，工作能力不断提高，全体教师认真分析每次考试的得失，反思自己教学过程中存在的不足，从最后一名学生抓起，不让一名学生掉队，就一定能够让学生获得优异成绩。

（2012 年 10 月 8 日）

在八年级期中考试质量分析会上的讲话

刚才，教务处高主任就班级的整体学习、评出的教师成绩档次、学生的答题情况、高校课堂的推进等方面展开了较为细致的分析。各学科组长对学科试卷的难易程度、学生答题的整体情况、各学科在教学中存在的问题、班级生源的结构等方面进行了深入浅出的分析。我觉得分析得很及时、很到位。由于时间关系，我只讲四点。

一、客观对待分数，注重反思

这次考试的分数整体不错，但个别学科、个别班级的考试结果并不乐观。我认为，在班级整体反思时，应注重思考两点：第一，当所有科目的考试结果在一班级体现出来的都是一致"不理想"时，原因是什么？这个班级有问题吗？当这个班级的其他科目的考试结果不理想，只有班主任这科的成绩很好时，这样的班级有问题吗？第二，个人反思时应注重反思考试成绩与同年段同科目之间的差距。应该思考：学生考试的成绩是否符合我的预期？符合的原因是什么？不符合的原因是什么？为什么我跟同年级段的其他同学科的老师会有这样的差距？我想原因的分析和反思才是最主要和最重要的，这样才能更好地为我们下阶段的教学工作提出整改目标与方向，真正体现考试在检验教与学效果方面的功能与作用。

二、保稳定，促增长

保证班级、年级的整体稳定是第一要务，但我认为稳定是最低层次的需求，稳定是必要的也是最起码的需求。没有稳定，何谈增长？那么，增长又是什么呢？我认为，增长就是一个班在稳定的基础上体现出一种积极奋进、乐观向上、协作竞争的态势，一旦形成这样的态势，提高学生成绩就容易了。例如，（1）班张建富、（2）班李健东、（3）班万宏瑞、（4）班刘宝婷、（5）班石琪、（6）班包治冬，他们的成绩很好，但班级里面缺少跟他们竞争的对手。（1）班张建富虽然是班级第一名，但是在年级排在第11名；（6）班包治冬虽然是班级第一名，但是在年级排在第16名。整个班级的竞争氛围不浓，学生活跃不起来。所以我希望班主任在今后要善于营造竞争氛围，寻找班级的增长点。我想这才是我们班风、学风和校风建设的一种追求。此外，学生各科发展的问题，我在这里也要再次强调一下。每年我们都在强调消除偏科生，班主任和科任教师要关注学生各学科的均衡发展，我在今天把它提出来，特别是语文、数学、英语三大科的偏科问题。班主任要把本班三大科或偏文或偏理的学生名单送到各科任教师手中，以引起科任教师的重视，这样学生到了九年级时就会很主动了。记住一句话：要想提高平均成绩，就要关注学困生；要想更多人考上高中，就要关注及格率和优秀率。

三、认真教研，深刻理解学校提出的课堂教学模式

在教学管理上，学校提出以"先学后教、自主探究型"为主的"五环节"

课堂教学模式。先学后教的关键是了解和研究学生先学了没有，学生查阅资料了没有。如果学生在课前没有预习或没有自学，那么教师就很难使用导学案来实现自己的教。具体来说，学生在课堂上的合作交流学习、全面展示活动就无法落实，或者说，这些活动只给优秀学生提供了展示的平台。这样一来，班级两极分化就比较明显了。

总之，教师必须认真深刻研究"五环节"教学模式，合理科学利用导学案，把导学案作为课堂教学的一个组成部分，而不是让导学案把控整个课堂。

四、处理好平均成绩、及格率和优秀率之间的关系，对班级进行合理科学的评价

为了激励教师积极参与教学教研活动，不断提高教师教育教学成绩，推进学校的教学质量稳步提高，学校根据教师和学生的实际情况，考核期中、期末学校统一安排的质量检测成绩，对班级进行评价。教学成绩考核以"三率一分"总值评价班级，这是评选优秀班级的重要依据。

计算公式："三率一分"总值 =（巩固率 + 优秀率 + 合格率）× 平均分。

教学要面向全体学生，尽最大努力减少学生流失，确保班级的巩固率达到 100%。各班以学期初定人数为准计算巩固率。巩固率等于现有学生数除以学期初定员数乘以 100%。优秀率和合格率的计算必须准确。

班级学生考试成绩的巩固率、优秀率、合格率、平均分均由教务处提供。数据来源主要为学生的期中、期末、中考成绩。

这次期中考试成绩数据纳入"三率一分"考核范围，其结果更为科学合理，更能适应小班学生成绩的评价。八年级（1）～（6）班成绩总评名次依次为第 4 名、第 3 名、第 2 名、第 1 名、第 5 名、第 6 名，平均成绩名次依次为第 3 名、第 4 名、第 2 名、第 1 名、第 5 名、第 6 名；把及格率和优秀率纳入评价体系，通过提高及格率，给成绩不理想的班级提高成绩的空间。

总之，今年我们尝试一下班级学习成绩考核，再看一下这次考试评价结果。希望班主任、科任教师在平时的工作中多思考、多问几个为什么。相信不管老师还是学生，都能够得到很好的成长。我就讲到这里，谢谢！

（2015 年 11 月 16 日）

对八年级英语对话课"Planting Trees"的认识和体会

授课时间：2016 年 3 月 10 日第 3 节。

授课班级：八年级（4）班。

授课教师：英语教研组张志华。

评课时间：2016 年 3 月 15 日下午第 8 节自习课。

刚才各位老师分别从教学目标、处理教材、教学程序、课堂结构安排、教学方法和教学手段、教师教学基本功、教学效果等方面对张老师的这节英语课进行了交流，发表了个人观点。我认为谈得很实在，符合学情，切合实际，有利于每一位教师的专业成长。

情境是进行言语交际活动的必要因素。交际化的英语课堂教学需要教师充分地利用和创设情境组织课堂教学，做到教学内容情境化。英语情境对话课是指在英语教学中，教师创设一定的话题情境或社交活动的情境场面，通过师生互动或生生互动的语言交流活动，帮助学生实现掌握语言知识、提高听说交际能力的目标。

情境对话课以培养学生的听说技能为主要教学目标。为达到这一目标，教师需要引导学生理解和掌握对话课中的语言知识，熟练掌握交际功能用语。对话课的最终目标是在相同或相似的交际场合，学生能够灵活运用所学的句型、短语进行口语交际。张志华老师这节"Planting Trees"课有下面几个特点。

第一个特点：创设情境，导入话题。此时教师将设计本课相关情境：首先，安排一名女学生用课前学到的语言知识，在课堂上复述课文内容，导入本课话题"Planting Trees"；其次，安排一名男生指出学习目标并领读；再次，安排学生听写课文对话中的相关词汇，掌握学生课前学习情况；最后，通过听录音创设情境把学生引入对话情境之中，介绍对话内容的背景。这样的导入渲染了气氛，激发了学生的学习兴趣。

第二个特点：展示情境，呈现知识。该环节中教师通过各种形式展示情境，用课前写出的学习目标呈现对话知识点，让学生熟读句子：

What are LiMing and his classmates doing？ They are planting trees.

It's also a great way to learn about nature.

A lot of rich land in the northern area have turned into desert.

教师结合对话情境讲授新的语言点，以各种方法帮助学生理解。讲解："How to plant trees？"（学生自读后回答了植树的步骤）

enough 用法：课文第 3 行 "big enough"；课文第 4 行 "large enough"。

It's +*n.*/*adj.* + to do sth.（"it" 是形式主语，动词不定式是真正的主语）

课文第 23 行："It's also a great way to learn nature."

课文第 25 行："It's fun and important to plant plants."

第三个特点：融入情境，机械操练。教师引导学生进入情境角色中，去掌握语言知识，并进行必要的机械操练。这是一个机械性的操练、模仿、重复、套用句型等的环节。张老师先引导学生读，再分组分角色读（6 名学生一组），从而使学生体会不同角色、不同语境的语音、语调以及语言表达习惯，为下一步交际操练奠定基础。首先，教师可以让学生跟读录音机；其次，教师可将对话中某些词替换，让学生用新的对话进行反复练习；最后，教师可指导学生分角色朗读、扮演对话。

第四个特点：延伸情境，交际操练。掌握了对话内容的重难点后，学生通过模仿、机械操练，在教师延伸的情境中充分利用对话内容进行交际操练。结合导学案，以小组为单位讨论了三个问题："How to plant trees？"；enough 的用法；It's +*n.*/*adj.* + to do sth.。

探究 "enough" 的用法举例（张老师安排一女生到台上讲解）："I have enough money to buy the book." 和课本上的 "big enough" "large enough" 进行对比学习记忆。

第五个特点：拓展知识，当堂检测。该环节中张老师拓展交际对话情境，努力创造接近生活的轻松的课堂环境，让师生互动、生生互动的对话演绎得以实现，从而激发学生的学习兴趣，增强他们学习英语的信心，进一步强化学生的英语交际能力。教师提供课外补充材料（用所给词汇的正确形式填空）。解决实际问题时，教师拓展情境，进行演变训练，记忆知识点，加强对学生书面表达能力的培养。

It's important ＿＿＿＿（learn）about protecting the environment.

All of the workers are ＿＿＿＿（dig）a big hole.

The boy doesn't have enough money ＿＿＿＿（buy）the book.

Tianjin is one of the ＿＿＿＿（north）cities in China.

He runs ＿＿＿＿ ＿＿＿＿（足够快）.

I don't have ＿＿＿＿ ＿＿＿＿（足够的钱）.

需要交流的几个问题如下：

（1）教师要对学生通过导学案预习的效果进行科学合理的评价，要了解全体学生对预习的知识点的掌握情况。教师是如何评价全体学生课前学习效果的？进行二次备课时，教师要在教法上适当调整。

（2）在第二个特点方面，为了让全体同学都掌握植树的基本步骤，在一名学生回答了问题后，是否可以直接完成"Let's do it"第2题？这样既让学生巩固了bottom、hole、around、cover、roots等词的用法，又让他们在合作讨论中进一步掌握了植树的基本步骤。学生在齐读课文后，做第1题判断正误，理解了课文，也就完成了课本练习题。

（3）教师要通过激发学生的学习兴趣，帮助他们形成小组合作学习竞争意识。必要时，教师还要采用激励和评价等手段。总之，在课堂上，教师要面向全体学生，让所有学生都动起来，投入学习之中。

（4）导学案只是课堂教学的辅助材料，不能以导学案为中心讲内容，要以课本为纲，明确教学目标，把课本上的内容作为教学内容的重点，抓住知识点，抓住考点。

（2016年3月15日）

对刘风玲老师《愚公移山》的课例分析

听了学校七年级（5）班刘老师的这节课，我整体感觉文言词语解释准、合作学习效率高。本课为《愚公移山》一文的最后一课时，我觉得最终目的是要实现学生的情感价值目标，分析愚公形象，领悟其思想意义。《愚公移山》是一篇脍炙人口且富有神话色彩的寓言，它塑造了愚公这个性格鲜明的人物形象，表现了我国古代劳动人民坚韧不拔的毅力和改造自然的顽强精神。教师有意识地让学生在诵读文言文的同时，了解一类文言现象，如通假字、古今异义、词类活用等。

我认为刘老师这节课教学目标的设计主要是检查学生对课文的掌握情况，把"整理归纳文言现象和分析愚公形象，领悟其思想意义"作为学生巩固学习的全过程，在理解文句的基础上，让学生概括出课文的寓意，感受愚公移山的精神，理解愚公移山的现实意义。特别是能通过小组合作讨论的方式生成自己的学习成果。小组学生代表能在黑板上写出对课文中"一词多义、通假字、古今异义、倒装句、学习感悟和愚公形象"等方面的理解和感悟。能看出教师备课扎实、充分，课堂上组织学生学习的能力强，能启发学生通过小组讨论学习的形式，基本掌握教师强调解读的知识点。

本节课的教学设计了"提问、合作讨论、启发生成、书写练习"的学习环节。在教学过程中，刘老师采用了自主、探究的学习方式，从两方面点拨和指导；采用练习书写的方法，培养了学生的表达能力。整个教学过程体现了学生自主学习、教师"授人以渔"的教学理念。让学生把学习和理解的知识写出来给别人看或者检查，这也是一种好的学习方法。学生能写出"愚公是一个大智若愚、有长远眼光、有坚强毅力、有坚定信念、有奉献精神的人""要有远大的目标，就必须下定决心，有信心、有恒心，坚持不懈地努力，才能获得成功。要相信，成功只属于有准备的人"。

刘老师在这节课上，不论在教学过程的设计，语言表述、诠释的准确性方面，还是在对小组合作学习过程的设想、学生在课堂上参与学习活动的积极性的调动等方面，都别有风格，教学效果显著。

下面我谈一下"落实本节课的教学目标"方面的一些感悟和建议。

本节课的学习目标没有安排读课文，只有一名学生熟背了一遍，但是，流利地朗读文言课文，熟读或背诵课本中的重点文言诗文篇目是课程标准中的要求。培养学生阅读文言文的能力，最有效的方法是让他们多读、熟读乃至背诵重要的文言知识。务必把诵读课文作为落实第二个教学目标的前奏。

叶圣陶先生结合文言文学习的特殊性，曾经这样说过："学习文言，必须熟读若干篇，勉强记住不算熟。要能自然成诵才行。"魏书生谈到语文教学时总结为"教学千法，朗读为本"。也就是说，学生对课文的感知是通过读来完成的。文言文的教学，诵读尤为重要，熟读成诵就能感悟到文言深意。

为了拓展学生的思维，对愚公挖山不止的壮举或愚公形象做出评价，应该设计或生成四个问题。

第一个问题：愚公妻子的话和智叟的话有何不同？有什么作用？

愚公之妻的话是从"献疑"的角度说的，带有关心的语气；智叟的话是从旁观者的角度说的，带有责难、讥笑和轻蔑的语气。他们的话在情节发展中的作用各不相同，愚公之妻的话引起大家对运土石地点的讨论，促使大家立即行动起来；智叟的话从侧面突出了作者对愚公移山壮举的赞美。

第二个问题：文章的主人公是愚公，为什么要写智叟？谈谈你对愚公移山这一壮举的看法。

有的学生认为愚公坚持到底的精神值得肯定和发扬，愚公不"愚"，智叟不"智"。有的学生认为，愚公坚持到底的精神固然值得肯定，但愚公移山的做法并不聪明，如果搬迁自己的住所，还能节省大量的人力和物力，这不是更好吗？

第三个问题：故事结尾写夸娥氏二子把两座大山背走了，对此你有什么感想？

一是词语运用生动，山神"惧"，天帝"感"，夸娥氏二子"负"二山，"惧""感""负"三字表现出愚公移山的壮举有不可抗拒的力量。二是富有神话色彩，当时科学不发达，在与自然的斗争中，人们往往借助想象以征服自然力、支配自然力，把自然力加以形象化。

第四个问题：这篇寓言的寓意是什么？"愚公精神"有没有过时？

突破难点的方式是让每人写一句话，说说学了本文以后感受最深的一点。答案不求统一，可让学生各抒己见，但回答的基点要扣住本文的寓意："愚公精神"表现了我国古代劳动人民以坚韧不拔的毅力改造自然的顽强精神。这种精神无论对学习、对工作还是对建设，都是具有现实意义的。

这四个问题涵盖了整篇课文的内容，紧扣教学目标，有利于学生思维能力的提高。教师应安排一定时间启发学生个性发言，表达自己的观点。教师也可引导学生开展辩论，以提高学生发散性思维的能力。四个问题层层推进，从而落实第二个教学目标"分析愚公形象，领悟其思想意义"。最后，学生准确说出寓言的寓意：表现我国古代劳动人民以坚韧不拔的毅力改造自然的顽强精神。我想这样设计一下教学效果更好些。

以上这只是我的个人观点，我是一名英语教师，说得不够准确，请各位语文老师，特别是刘老师见谅，因为教研评课的目的是促进教师专业成长，提高教师课堂教学能力！谢谢大家！

（2016 年 5 月 10 日）

把转化学困生作为教师课改的第一步

——在第 17 周教职工会上的讲话

一、学困生的形成原因

结合英语学科，我谈一下学困生的情况。部分学困生缺乏学习动机，学习自觉性差；学习目标不明确，缺乏上进心；自控能力差，上课不认真听讲，不服从教师管教，没有养成良好的学习习惯；缺乏学习自信心，考试成绩落后，内心自卑；学法不当，学习效率低；缺乏语境，课外英语阅读量不足。

学困生面临的窘境与教师有直接关系。有的教师在教室里、课堂上抱怨学困生差，会逐渐疏远教师和学生之间的情感关系，导致学生不喜欢这门课程，进而对这一学科失去兴趣。

二、学困生的转化对策

（一）培养学生良好的学习习惯

教师在上课的过程中，要求学生听懂知识，给他们时间来整理笔记，消化知识，提出疑惑，让学生大胆去讲题、默写，去体验有收获时的快乐，从而激发学生的学习兴趣，培养学生良好的学习习惯。另外，教师还要把好作业反馈关，杜绝学困生抄袭。只有这样，教师才能真正地了解学生对知识的掌握情况。

（二）关注学生情感，融洽师生关系

学生在学习上的积极性很大程度上取决于师生关系。教师要尊重学生人格，维护学生尊严，把爱心无私地奉献给他们，和他们建立相互尊重、相互信任的师生关系。教师要多与学生谈心，帮助他们克服消极情绪，引导他们找到适合自己的学习方式。这样既能激发学生的学习兴趣，也能促使学生主动学习。

（三）立足课堂改革，加强学法指导

目前，一些教师在上课时习惯"包办"一切，课堂上实行"满堂灌"的教学模式。教师滔滔不绝，学生却只是机械地跟着，这样容易打击学生学习的主动性。因此，教师在知识传授中要结合学生的需要和兴趣，营造学习氛围，引导学生学习。比如，教师可以设计探究式的学习活动，引导学生运用观察、发现、归纳和实践等方法学习语言知识，感悟语言功能，使教学过程成为学生学习知识、提高技能、磨砺意志、活跃思维、展现个性、发展心智和拓宽视野的过程。

盲目地进行课改，不但无法培养学生良好的学习习惯，无法提高教学成绩，而且无法实现对学生的德育。一些名校之所以有名，恰恰是因为这些学校把学生的养成教育放在了首位。我们参观学习了很多名校，也应该向这些学校学习，重视德育工作。

（四）重视检测考试，掌握学生学情

每一次考试后如何评价每一名学生的学习情况，教师要做一些细致的工作。针对考试内容，教师要研究学生对考点的掌握情况，通过点评考卷来关注每一名学生，使学生感受到教师在关心自己，从情感上树立教师威信，从教学上体现教师权威。例如，这次检测八年级（7）班学生考试情况，选择题30个，共30分，第5小题全班没有一人选对。这样的题需要教师重点讲解。学生没有掌握这种考法，"much""lots of""plenty of"都能修饰不可数名词"rice"，而答案D是"all of the above"，没有学生选D，教师要重点讲解。学生孙剑利得了29分，这题若做对就满分了。有两名学生韦清涛和王文瑞，只得了7分，全班得15分以下的学生有18人，平均得分15.8分。第2小题有28人没答上，第8小题有29人没答上，第15小题有24人没答上，第20小题有25人没答上，第22小题有29人没答上，第24、27小题有22人没答上，第29小题有27人没答上。教师要知道他们哪一道题错了。这样，学生一定会信服教师，一定会在教师的指导下不断进步。给学生不断进步的时间和机会，我相信只要教师付出，学生一定会进步。

当然，学困生的形成还有其他原因，其转化的方式也根据每个学生的不同特征而有所不同。这些都需要教育工作者在实际教学中不断加以总结。总之，教师要明白一点，转化学困生是进行课改的第一步。

（2016 年 6 月 20 日）

对八年级英语示范课的自评说课

一、示范课安排

上课内容：冀教版八年级英语下册 Lesson 44：Environment Clubs。

上课班级：八年级（7）班。

上课时间：2016 年 6 月 21 日第 7 节。

二、本节课教学目标

词汇目标：重点掌握 "waste，least，nobody，shut，pollute" 5 个单词。

语法目标：重点掌握 "It" 的用法。

人文目标：了解南美洲学校学生参加 "环境俱乐部"，以及参加的活动和建议。

情感目标：强调人人爱护环境的重要性。

三、课堂教学设计和过程

课堂上 "把学到的知识让学生讲出来" 的环节设计，主要是检查学生课前学习的效果，并能促使学生掌握考点知识，这一安排是各组轮流讲解，所有学生都要参与，目的是在课前就要调动学生学习积极性。（用时 7 分钟）

词汇教学的设计一般放在自习课上去读和练。第 44 课共有 12 个学习词汇，拿到课堂上去学，学生 10 分钟都记不住。课堂上也不能不设计词汇学习环节，教师应抓住 "Let's do it" 第 2 题要掌握的重点词汇。一看到这道题，教师就要知道本节课词汇的教学目标是什么。我重视词汇教学，常放在句子里教授，并且让学生从课文里找出这些词汇，增强学生对重点词语的记忆和理解，让学生理解了还要会运用。（用时 6 分钟）

课文学习环节的设计主要从提示课题、创设语境到听说读写、理解记忆，使学生从感知课文到重点记忆的整个过程环环相扣、层层推进。教师可通过听录音，纠正学生的英语发音，达到 "听" 的效果；通过安排学生自读、示范读，促使学生提高 "读" 和 "说" 的能力；通过默写句子，练就和培养学生 "写" 的习惯，规范书写。默写的另一功能是记忆。这一环节要始终体现"学生学到了什么"。在整个环节中，教师可通过"Let's do it"第 1 题的 3 个问题设计，引导学生学习课文内容，自读并找出问题答案，了解并掌握课文的思想内容，培养学生的阅读理解能力。（用时 20 分钟）

在语法教学的环节设计，教师提示并引导学生从本课找出含有 it 的句子。课文有两个句子："Use your legs! It's lots of fun!"（课文第 14 行）"It's a good way to reduce packaging."（课文 16 行）"Let's do it"中有一句："I couldn't shut the window because it was stuck."（第 117 页第 2 大题第 5 小题）。本单元重点要总结"it"的用法，在这节课中要体现出该语法点。（用时 4 分钟）

完成小结环节设计是为了再次明确一节课的学习目标和任务，让学生清楚自己学懂了没有，掌握了没有，自学能力提高了没有。通过这节课的学习，达到情感教育目标。启发学生理解成立环境俱乐部的意义，知道 2016 年世界环境日的主题"为生命呐喊"（"Go Wild for Life"），把 2016 年中国环境日主题"改善环境质量，推动绿色发展"作为本节课的结束语。最后布置作业。（用时 3 分钟）

四、教学理念和点滴做法

这是一节英语常态课，没有渲染气氛的演戏作秀，和"优质课竞赛"的课型不一样。开学第二周接了这个班，和班主任交流，和学生座谈发现，八年级（7）班学生整体水平一般，很难调动学生学习积极性。

经过思考和实践，我认为应该从调动学生参与学习开始，从思考如何让学生获得成功来满足他们的求知欲望抓起，从激发学生课前自学和课堂互动起步，目的是培养学生参与学习的良好习惯。

一学期就要结束了，我从没有惩罚学生，也不存在变相的心理惩罚学生的问题。我更愿意做些鼓励学生的事情。

我一直认为，课本上的"Let's do it"涉及的内容就是最好的导学案，是一节课确定的学习目标，是教师语言知识教学思路的切入点。如果导学案含金量不高，只是重复了更多的内容，势必会增加学生的学业负担。

课堂上"默写重点句子"环节的目的是培养和激发学生的学习的兴趣。默写重点句子既能规范学生的英语书写，又能使学生掌握本节课要的重点句型。例如，默写"The class with the least garbage gets a prize."主要让学生掌握"with"介词短语在句子中作后置定语，是本节课的语法难点；默写"It's a good way to reduce packaging."要求学生掌握"it"在句子中作形式主语的用法，是本节课和本单元的重点语法。

教师要研究和评价每一次英语考试的平均成绩，把成绩作为激发学生学习热情的动力。我常用"只要进步就是最棒的"这句话表扬和鼓励学生，帮助学生树立短期进步目标，让学生始终有上进的信心。

五、本节课堂的不足之处

基于学生基础知识积累不足的实际情况，考虑到要确保充分利用有限的课堂 40 分钟，本节课没有设计小组合作学习的环节。

本节课虽然设计了听说读写的环节，但没有重视用英语口语来创设语境，引导学生学习，只注重了学生语言基础知识的掌握和答题技能的培养，忽视了口语在课堂上的重要性。

（2016 年 6 月 22 日）

第四章　教师成长第四历程：走进演讲

——在工作中提高领导能力，在总结中加强学校管理

　　一场优秀的校长演讲，对师生而言，如同一场思想盛宴，能给人带来新的启迪。因而，应从思政课建设的高度，强化校长演讲的系统性，让校长演讲成为重要的思想资源。

　　首先，要系统规划演讲主题。校长演讲的主题应根据国家及所在区域教育发展趋势、学校办学定位、培养目标、学生实际、社会期待等多重因素进行系统规划。每一个演讲主题要让师生信心满满，心潮澎湃；要让校园风貌进一步向善向美；要为社会精神风貌的提升贡献智慧。

　　其次，校长演讲应具有课程的功能。校长演讲不仅要有拓展师生视野的功能，还应有文化的气质，即知识的情结、理性的态度和批判的精神。要特别关注演讲过程中师生的身心参与度、观点整合度、思想延展度，要能够引发学生对知识、人生和社会的思考，注重对学生思维深度和思辨能力的培养，用符合师生心智及情感需求的演讲满足师生多样化发展的需求，让校长演讲成为校园中亮丽的文化风景，丰盈师生的身心。

　　再次，校长演讲应成为学校思政教育的载体之一。一些校长的演讲之所以会在社会引发强烈共鸣，是因为校长站在民族未来的角度，向学生传递国家的教育意志，并立足学校培养目标，向学生提出希望。校长演讲是一节颇有影响力的思政课。在信息时代，震撼人们心灵的校长演讲会立即向全社会广泛传播，成为激励整个社会的精神大餐。每一位校长应将开学演讲提升到学校思政课建设的高度，制订系统的课程规划，确定好演讲主题，认真备课。

　　最后，校长要不断提高演讲质量。演讲者必须要有较强的观察与研究能力，有自己的观点，有独特的思维深度和思想穿透力。校长要不断地提高

自己的学养，不仅要钻研业务、研究教育，还要做个杂家。读得多，知识面宽，才能在演讲时引经据典、旁征博引，才能坦然面对性格各异、喜好不同的师生，才能用自己独特的演讲引领师生的成长。

校长演讲在学校教育中的作用不可小觑，在学校课程体系中的地位不可忽视。演讲不是堆砌、储藏和派发信息，不是对他人思想、观点及成果的总结，而是为了实现文化的传承与创新，提高师生的视野和能力，并对学生、教师、学校及社会形成一股强大的推进力量。

学校秋季田径运动会开幕词

各位教练员、运动员、裁判员，同学们、老师们：

大家好！在今天这个令人欢欣鼓舞的时刻，我们迎来了 2008 年秋季田径运动会的胜利召开。在此，我代表校委会，对这次体育盛会的召开表示热烈的祝贺！向为大会的召开精心准备、积极参与的各个处室、各个教研组、各个班级表示衷心的感谢！向本次大会的裁判员、教练员、运动员和所有工作人员表示崇高的敬意！

老师们、同学们，随着人类历史的不断推进，随着社会进步和文明的发展，体育的地位和使命不断变化，体育的功能和价值正不断地走向成熟和完善。我们的教育目标对人体素质与身心和谐发展提出了更高的要求，也使体育日益得以发展。体育对社会文化和人们生活的影响越来越大。从古罗马竞技场上的角斗，到现代奥运会赛场上运动员的竞争，体育从来都是人类社会的兴奋点，如今也是教育的关注点。强健的身体素质是人们学习、生活、工作的基本保证。

这次运动会是对我校体育教学工作的大检阅，更是对我校师生精神面貌和综合素质的大检阅。希望全体师生讲公德、讲卫生，在运动场地上不留下一件废弃物，真正体现现代人的文明有序的行为习惯；希望全体运动员奋勇争先，再接再厉，赛出风格，赛出水平；希望全体裁判员严守规程、公正裁判；希望全体工作人员忠于职守，热情服务，保障安全；希望全体学生团结友爱，齐心协力，文明守纪。

体育是力量的角逐，体育是智慧的较量，体育是美丽的展示，体育是理想的飞扬。在紧张激烈的赛场上，全校师生要以北京奥运会赛场上的体育健儿为榜样，以饱满的激情、昂扬的斗志、勇于拼搏进取的信念、团结向上的精神投入本次运动会中去，赛出成绩，赛出水平，赛出风格！用我们的行动去追求更高、更快、更强！

最后，祝全体运动员赛出好成绩！预祝大会圆满成功！

（2008年10月17日）

在班主任工作经验交流大会上的讲话

今天安排召开班主任工作会议，这是一次班级工作经验交流会，也是一次提升班主任工作水平的成果会，更是一次班主任培训会议。这次会议很及时，也很成功！班主任分别交流了各自的工作经验，说出了当班主任的一些感受，很实际，也很精彩。限于时间关系，还有很多工作经验丰富的班主任没有发言。会后其他班主任写一篇自己的工作经验材料，以便下一次会议互相学习交流，更好地促进我校班主任工作。

班主任是学校工作的骨干，是教育教学的主力军。一所学校，如果有一支保障有力的班主任队伍，那必定是一所好学校。从这个角度讲，班主任是教师中的优秀者，是学校各项工作的支柱。

我校的班主任平时工作都很踏实，也很务实，大家为了学校整体工作识大体，顾大局，不计较个人得失与荣誉，表现出了高尚的思想境界。在此，我向全体班主任无私的付出表示衷心感谢！

今年，我校在学校的管理上已经逐步开始改革，正在向精细化管理的目标迈进。这就要求我们逐步建立并完善各项管理制度，抓好各项制度的落实，促进学校管理的科学化、规范化，促进学校按照我们既定的目标科学而有序地发展。

召开这次班主任工作经验交流会，就是为大家搭设一个交流的平台。大家可以相互学习班级管理工作经验，相互交流工作中的体会，逐步提高自己的班级管理水平，为促进学校规范管理、持续和谐发展做出更大的贡献。

刚才，听了几位班主任的发言，我深有感触，发言很实在，工作经验很实用，他们的工作精神很感人。

武淑慧［七年级（3）班班主任，代语文课］，期中考试班级总评成绩第3名。交流内容：工作从学习行为抓起。从课前准备、作业上交、上课要求等细节培养学生习惯，多鼓励学困生；抓班级管理，分层管理学生；培养优良学风。

马琴元〔八年级（6）班班主任，代数学课〕，期中考试班级总评成绩第1名。交流内容：工作从深入了解学生抓起，促学习抓管理。抓纪律，组建班委会，写日记。抓学习，抓卫生。

詹玉凯〔八年级（8）班班主任，代数学课〕，期中考试班级总评成绩第3名。交流内容：工作具体、细致。班主任自主发展。班训：创最好的班级，做最好的自己，严谨代替松散，行动代替愿望。班主任座右铭：以自己的人格魅力影响学生。班主任工作两个字：爱和勤。

王复涛〔九年级（4）班班主任，代数学课〕，期中考试班级总评成绩第2名。交流内容：向他人学习；用教师魅力吸引学生；讲好课，自信乐观，乐教趣学，多鼓励少批评，注意讲话技巧；平等对待学生；用理想鼓励学生。

陈林宇〔九年级（8）班班主任，代语文课〕，期中考试班级总评成绩第3名。交流内容：工作从爱抓起，从学困生抓起，体现素质教育。用爱感化学生。为人师表，率先垂范，重视品德教育。建立和谐、民主、平等的师生关系，精细化班级管理，协调科任教师，促进学困生转化。

我们的班主任，工作做得精、做得细，有品位。班主任肯定要吃苦，要乐于奉献，要勇挑重担，要心系学生、服务学生，要有强烈的事业心、责任感和过硬的教学水平，要做学生的精神领袖、思想向导、行动楷模。

班主任工作艰巨而辛苦，更是崇高的，其中充满无私奉献精神、持之以恒的毅力和无微不至的爱心。每位班主任都要为做到这些而不懈努力。

七年级前21名学生：（1）班5人，（2）班2人，（3）班3人，（4）班2人，（5）班5人，（6）班2人，（7）班2人。（4）班第一名在全年级15名。

八年级前24名学生：（1）班0人，（2）班3人，（3）班3人，（4）班2人，（5）班5人，（6）班5人，（7）班2人，（8）班4人。（1）班第一名在全年级25名。

九年级前24名学生：（1）班3人，（2）班5人，（3）班2人，（4）班3人，（5）班4人，（6）班0人，（7）班4人，（8）班3人。（6）班第一名在全年级27名。

下面，我就班主任工作提几点要求。

一、要进一步感悟班主任工作的重要性，增强班主任工作的荣誉感和使命感

班主任是各学科教学的组织协调者。由于科任教师自身素质的原因，一个班级各学科教师的教学管理水平是各不相同的，各学科成绩存在差异，学生对教师的认知态度存在差异，对学科的学习兴趣也存在差异。

班主任要经常向学生了解不同学科的教学情况，及时协调反映给科任教师，及时纠偏改进。还要帮助科任教师解决好师生之间的问题，化解各类矛盾，不断清除师生之间的障碍。班主任要与家长经常保持联系，对学生在学习、生活中的问题要及时商议解决，还要解答学生家长及关心学校教育的人士提出的各类问题。从某种意义上讲，班主任又是学校与家长、社会沟通的桥梁和纽带。上周几个班级召开了家长会，做得很好。

班主任在学校教育中始终是处于核心地位的人。班主任的工作十分辛苦，做好班主任工作要付出很多的努力和代价。学校每学年选配班主任都要考虑到方方面面的事（包括教师个性、身体条件、自身素质、年龄、学科特点等），只要当上班主任就要全身心地把工作做好。

二、加强学习，提高自身素养，进一步提高班主任工作水平

班主任工作得以不断加强的一个重要因素是加强自身的学习，提高个人素质。要向同事学，从实践中学，从书本中学，向学生学。

向同事学，要经常观察其他班级的各项工作，包括学生精神面貌、学生成绩、纪律卫生状况等，特别是刚当班主任或从事这项工作时间不长的同志，更应注意与同事的学习交流。这样的学习借鉴会使自己的工作能力得到提高。

从实践中学，就是要在管理过程中不断摸索，探究新的工作思路和方法。随着时代的不断变化、学生思想的不断变化，班级管理工作总会出现新矛盾、新问题。比如，学生留长发、染头发、佩戴首饰的问题，学生上网的问题，抽烟喝酒的问题，校内外住宿管理的问题。班主任要在细心观察研究的基础上，根据其危害性，找到新的教育方案或方法，对学生进行有针对性的教育。

从书本中学，就是要经常看一些报纸杂志、班主任工作研究资料等，从中丰富个人的专业管理知识。

向学生学，就是要善于向学生了解学生的思想动态和爱好，针对他们的

年龄特点和心理、生理特点，经常性地开展一系列主题班会与文体活动，发挥班委会团支部的民主管理作用。工作要创新，工作要进步，班主任就要积极总结经验教训，不断提高管理水平。班主任还可以将自己的学习工作心得整理成文章发表交流。

三、持之以恒，面向全体，保持班主任工作的热情与耐心

学校教育教学工作的一个特点就是重复。备课讲课、批改作业、辅导、学生管理等，日复一日，年复一年。而班主任工作，除了上述外，还有每天早起晚睡、关心学生，以及无休止的说服教育。但与教学相比，班主任工作应有新鲜感和刺激感，因为学生在学习过程中，经常会出现一些新问题，需要我们研究解决。

所以，不管是日常性工作，还是解决突发性问题，我们要始终有持之以恒的决心，不能让学生或班级管理中的问题导致自己情绪波动，出现"热冷病"，使班级管理中途出现起伏而影响学生的成长。也不能因某些学生成绩不佳、纪律松散、自我约束不够、调皮捣蛋贪玩、顶撞教师而放弃管理，使之放任自流。我们必须始终本着热爱学生、为学生负责的态度，研究制定新的措施，改进方法，对学生进行再教育。

四、热爱学生，严格要求，促进学生成人成才

热爱学生是我们教师职业道德的重要体现。在教育学生的过程中，我们要尊重学生、爱护学生。只有我们尊重学生，学生才会更加尊重我们。要以丰富的精神生活给学生做榜样，以纯真的道德情感去对待学生，要正直、公正、坦荡、无私。

班主任绝不能因为严格要求而体罚或变相体罚学生。体罚是违法行为，会对学生身心健康造成严重损害，同时会对自己的工作造成严重影响。

总之，我们要以极大的热情投入工作，面向全体学生，实施有针对性的教育，认真扎实有效地搞好班主任工作，使学校精细化管理水平不断提升，决不辜负学生家长对我们的期望，决不辜负学校对我们的信任。

希望各位班主任能以此次会议为新起点，认真履行班主任的职责，用我们的爱心与热情关注我们的学生，以高度的责任感和强烈的事业心做好班主任工作。谢谢大家！

（2013 年 11 月 25 日）

呈现学生养成教育成果，构建高效课堂

——在班主任培训工作会议上的讲话

一、抓学校精细管理，促学生养成教育

根据"全面抓管理，全面抓教学"的工作思路，学校要进一步落实"文明习惯养成教育"长效机制，采取"落实精细管理，形成长效机制"模式。

2014年3月学校加强对校园环境的治理，3月14日对教室进行了整顿和要求，并进行检查，迈出了养成教育工作的第一步。2014年4月以环境卫生整治为突破口，启动了"学生文明习惯养成教育"活动；4月1日召开班干部会议对学生提出了要求；4月7日在国旗下做了全面动员讲话；4月10日召开班主任会议，就学生养成教育工作做了全面详细的安排；4月17日安排召开了普法教育暨家长大会，目的是让家长了解并掌握一些关于子女成长方面的法律知识，让家长参与学校管理，了解自己的孩子在学校学习和生活情况，使得家长和老师达成共识，培养学生良好的行为习惯；4月18日召开了技能教研组教师工作会议，对学生上课和活动秩序做出了要求，强调"卫生管理时时查，活动秩序天天抓"，对相关规定做了一系列详细的说明和解读，并对违反学校纪律的学生进行了适当的惩戒；4月25日召开了学生班长会议，对期中考试期间的考风考纪做出了严格要求。目前，学生养成教育成果显著，学校的人文环境得到了很大改观，营造了舒适温馨的生活和学习氛围。

为了使养成教育形成长效机制，进一步规范学生的一言一行，2014年5月继续加强养成教育细节工作，落实精细管理，5月5日开始针对学生的坐立行走提出"三相三起来""十会十从"主题教育。"三相"即"坐相、站相、走相"。坐相要求目视前方，挺胸抬头，端庄正直，舒展得体。站相要求目视前方，抬头挺胸，自然直立，不靠不歪。走相要求庄重自然，步履从容，不跑不跳，气定神闲。"三起来"即上课时要把头抬起来，把胸挺起来，把身子直起来。这是最基本的坐立行走的要求，但往往有些孩子做不到。"十会十从"即学会做人，从感恩开始；学会做事，从扫地开始；学会学习，从

思考开始；学会健身，从做操开始；学会礼貌，从问好开始；学会文雅，从走路开始；学会生存，从自护开始；学会交往，从微笑开始；学会自律，从守纪开始；学会审美，从穿衣开始。

（一）管理等于细节——加强育人细节常规管理

常规管理中最重要的还是以行为习惯为主的养成教育。学校要通过对每日常规行为的反复强化，逐渐使学生增强行为习惯意识，逐渐成长为合格的中学生。

为此，我们今天专门召开班主任会议，从思想上加强对学生管理和教育的重视，通过菜单式的培训（每周二下午第 6 节课定为班主任例会，一会一主题，一会一理念，提高班主任的整体认识），统一思想，步调一致，经常提醒班主任提高个人修养，培养高尚的思想品德、坚定的教育信念、较强的组织管理能力、敏锐的观察能力，以及较强的语言表达能力、较强的人际关系、广泛的兴趣爱好等。

我也安排了许多细节工作，从早晨出操开始严抓班级队列队形。5 月 5 日学校召开体育技能教师会议，安排体育教师对学生进行为期一周的队列队形训练，安排合唱队和舞蹈队的排练工作。早自习召开班长会议，做好班级准备工作。安排"三相三起来""十会十从"主题教育班会，教育学生在坐、立、行、走的练习中，强化"三相"教育，增强学生集体意识、规范意识、成长意识。利用早自习时间，有目的、有计划地组织新生进行一周的行为姿势训练。指导学生学习如何集合站队、如何上下楼等，讲解学校养成教育的相关要求、制度，强化了学生的秩序意识、规则意识和安全意识。

针对学生年龄等特点，有计划地进行系统的行为习惯训练。进行教学楼道内行走、操场行走、放学离校、课间操集合、升旗仪式集合、大型集会集合及解散等专项的行为习惯训练。我们利用周会强化"右侧行、口无声、脚步轻"的行为标准，学习背诵"三相三起来""十会十从"，明确便于学生实行的要求，如在校内外碰见老师要问好，要保持校园干净整洁，要穿好校服，等等。

班主任要落实养成教育的细节工作，一定要分阶段、分层次完成，通过"讲解要求—细化标准—保障时间—有序训练"的过程，达到秩序井然。学生在操场上行走，换教室上课时排成一条直线，逐步形成校园内一道亮丽的风景线。

（二）常规等于细节——强化学生行为习惯养成训练

1.教育主题展示，营造育人氛围

确定了每月养成教育的主题，并在教学楼前展现德育主题，营造氛围，让学生充分认识到养成好习惯的重要性，从而产生自觉养成良好行为习惯的意愿。

2.行为训练，强化意识

班主任要组织学生进行开学前养成教育训练，包括如何上下楼、如何进出楼、如何迅速站队集合等团委针对文明礼仪要求、环境卫生标准等方面进行的专题讲座。在日后的常规管理中，班主任要按照以上提出的要求对学生进行养成教育训练，不断规范学生的言行。

3.学科渗透，润物无声

学生德育的主渠道在课堂。教师的"同学们，大家都坐正了，注意听，把头抬起来，睁大眼睛往这儿看"这类教学语言，既突破了教学知识的难点，又对学生进行"三相三起来"养成教育。教师在组织教学中渗透德育，其益处不言而喻。

我们还结合政治学科的特点开展课堂德育渗透，结合教材内容在课堂上讲礼仪知识。我们以规范校园礼仪为重点，5月6日安排政治组教师在课堂上讲解学习"学生在校一日常规"，让学生知晓身边的礼仪，如进入办公室的礼仪、课间礼仪、交往礼仪、公共场所礼仪、参加集会礼仪等，以达到让学生知礼、懂礼的目的，让好习惯伴随学生一生。

4.利用晨会和班会课时间，继续强化常规管理和养成教育

针对各班级学生出现的问题，学校利用每周一的晨会时间及时进行总结强调，班主任每天早晨一进学校就要给学生做出评价，明确要求，利用德育实践活动课进行讨论交流，如召开"文明礼仪伴我行""走文明路，做文明人"主题班会，对"三相三起来""十会十从"进行解读，积极引导学生朝着健康的方向发展。

（三）评价关注细节——多元评价彰显班级管理特色

好习惯的培养要经过 21 天，好老师会激励孩子上进，好的评价能够唤起孩子内心的自省。为了不断深化精细化德育管理，更好地发挥评价的导向作用，我校构建了多元化的评价机制，鼓励班主任创建特色班集体。我们除了在期末评选标兵班、示范班级外，还把对班级的总评价目标分为班级环境布置、课间操、服装仪表、课前一支歌、右侧通行等几个具体可行的目标。开展"整队通行标兵班""文明礼仪示范班""特色教室""课间操示范班""眼操示范班"等特色班集体的评选工作，为优秀班集体颁发锦旗，将锦旗挂在教室内醒目的地方，时刻提醒学生向着目标努力。

这种关注班级管理细节的多元评价模式，以德育处量化考核和全体科任教师问卷调查参与评审过程相结合的方式，评选出每月的特色班集体，在升旗校会上公开表彰。从大处看是创建特色班集体，从小处看则是促进班级学生的养成教育更加规范。学校对班级进行多元化评价，调动学生和班级的积极性，展示良好的教育成果，可以更加公正、客观、真实地反映出各班的管理特色。

学校举行"推进高校课堂教学模式"改革培训讲座，我认为本次课改要以"养成教育"为突破口，以"构建高效课堂"为目的，以"呈现学生养成教育成果，构建高效课堂"的构建为契机，切实加强常规教育教学，引导学生形成"习惯造就性格，性格决定发展"的自主学习意识。学生在教师的引领下，采用新课堂小组文化和班级文化的正面教育、相帮相助分辨是非、反复矫正不良行为习惯等方法加强监管，在日复一日的成长中养成各种良好的学习习惯。

二、班主任抓好养成教育，促进学生全面发展

随着教育改革的深入和新课程标准的实施，发展学生的个性，让学生自主、全面地发展，培养学生的创新意识与创新精神占据了重要位置。我们在教育教学中已经感受到了"个性发展与遵守规范"的重要性，并印发调查表征求家长的看法。家长的反馈让我们更清楚地认识到规范养成教育的重要性。

（一）定制度，细化标准，让学生有章可循

我校立足学生的全面发展，以《中学生日常行为规范》为依据，对照学

生应遵守的规范，制定各种规章制度，细化标准，让学生有章可循。

（二）抓落实，全员参与，坚持"三靠"

培养学生良好的行为规范，不仅要有各项制度，还要保证各项制度的落实。为此，我们提倡坚持"三靠"，力争全员参与，抓好制度落实。

1. 靠教师率先示范

学校无小事，教师无小节。通过"小事""小节"渗透的教育往往是最具有说服力的。要求学生做到的教师应先做到。教师应做学生的表率，用自己的言行感染、影响学生。

2. 靠班主任积极开展工作

对学生加强习惯养成教育管理，坚持注重以活动陶冶学生，培养学生思想上的自育能力、生活上的自理能力和言行上的自律能力。

3. 靠严格检查进行考评

坚持每日检查评比，及时公布每日检查结果，每月总结评比，选出书香班级，讲普通话、写规范字的优秀班级，颁发"整队通行标兵班""文明礼仪示范班""特色教室""课间操示范班""眼操示范班"等项目流动红旗。检查结果与班主任的工作实绩挂钩。

（三）重内化，形成习惯，坚持"三个结合"

我们坚持规范教育"以学生为中心，以情境为中心，以活动为中心"的原则，加强学生思想教育工作，重视将规范内化为学生的自觉需要，促使学生形成良好的行为习惯。

1. 规范养成教育与"体验活动"相结合

我校围绕陶行知"生活即教育"的理论，培养学生的"五自"能力，鼓励学生做学习、生活、社会的小主人。在大阅读活动中，我校根据学生的认知水平、年级特点，有计划地组织并指导学生阅读背诵"三相三起来""十会十从"，以及《弟子规》《三字经》《论语》等；根据陶行知"社会即学校"理论，积极开展社会体验活动，"读经典书，做有根人"，让学生到社会这个大课堂里去感悟做人的真谛，去领悟做事的道理；组织学生走出校门，走向社会，走进大自然，去寻找岗位，进行角色体验，在不同的角色体验中感悟，明事理，学本领，提品质，不断提高学生的人文素养。

2. 规范养成教育与道德与法治课题研究相结合

道德与法治课教学力求贴近学生实际，生活化、活动化，少一些大道理，多一些学生活动，让学生在活动情境中明理、践行。融教育于生活，培养学生良好的行为习惯。以学校为主阵地，让学生在情境体验中获得初步的道德认识，养成初步的道德行为习惯；以家庭为重要延伸，让学生在生活体验中深化思想认识，养成和巩固良好的行为习惯；以社会为熔炉，让学生在实践体验中巩固思想认识，提高道德行为的自觉性。

3. 规范养成教育与学科教学相结合

学校对学生的坐、立、走姿势，读书、写字姿势，课前预习、课堂回答质疑、课后复习整理等日常学习行为都有质的规定、量的要求。各科教师要齐抓共管，因材施教，循序渐进，对学生施加潜移默化的教育。班主任每周都要明确要学生完成哪些学习任务，并强化检查落实措施，督促学生切实做到堂堂清、日日清、周周清。久而久之，学生就可以养成主动学习、乐于学习的良好习惯。

教育就是塑造人，让学生享受高起点、高品位的教育，培养学生良好的品质与坚强的意志；让学生树立爱心意识、责任意识，具有与他人和谐相处的健康心态。教师往往在潜意识之中偏重学生的学科成绩，没有理解和领悟养成教育对学生的激励作用。景泰四中遵循的教育规律，形成的管理风格和办学特色无不渗透着教师的教育智慧，无不凝聚着教师的辛勤汗水。要抓好学生养成教育，素质教育是关键。优秀的学科成绩是素质教育的最终价值体现，是素质教育实施过程中学生良性发展的必然结果。

三、班主任应该具有的基本素质

（一）高尚的思想品德

热爱教育事业，有献身教育、甘为人梯的精神；具有高度的责任感，对工作有饱满的热情，有积极进取的精神；严于律己，宽以待人，团结同志，以身作则，言行一致，为人师表。

（二）坚定的教育信念

坚信教育的力量，相信每一个学生都有优点，相信通过适合的教育，可以教好每一个学生；像严父、慈母一样有爱心，建立深厚的师生情谊；不畏艰难，细致耐心，顽强努力，勇于改变工作面貌。

（三）较强的组织管理能力

善于组建一套健全的班级组织机构，善于选拔一批优秀的班干部，形成班级的核心；建立适合本班的完整、系统、合理的规章制度；开展丰富有效的教育活动；能迅速决定，果断采取措施，准确把握事件发展趋势。

（四）敏锐的观察能力，较强的语言表达能力

明察秋毫，高瞻远瞩；了解全班每个人的动态；了解学生心理的变化，教育措施得力；说服教育学生时，语言明确、中肯、简练、规范，表达生动形象，能打动学生，有说服力。

（五）较好的人际关系

与各种性格的科任教师融洽相处，协调班级内部教育力量，调动教师教育积极性；经常与家长、社会人士联系，协调家、校、社会教育力量；能正确处理偶发事件，有灵活应变能力；善于扮演各种角色，如严肃的长者、渊博的学者、奋进的引路人、旅途的加油站、万能的修理工、快乐的同伴；增强个人魅力，成为班级的核心与旗帜；培养乐观、开朗、豁达的心态，有自制力，顾全大局，富有正义感、同情心，思维敏捷。

（六）兴趣爱好广泛，多才多艺

班主任要做到一专多能，既要成为本学科的专家，又要成为其他学科的热烈追求者；对琴、棋、书、画，以及体育、科普知识有浓厚的兴趣；有知识，有能力，与学生打成一片，成为学生各种课外活动的参与者与指挥者。

（2014 年 5 月 6 日）

给自己一份自信，给自己一份希望

——春季学期第 5 周国旗下讲话

尊敬的老师、亲爱的同学们：

大家早上好！

九年级的同学们，离 2017 年中考只有 82 天的时间了，做好迎战中考的准备了吗？在这里，我祝福你们！祝愿你们从第 5 周开始，思想更加成熟，学习更加努力，成绩取得更大进步！同学们，3 月就要结束了，如梭的岁月织出了明媚的春光。我们满怀着对春天的憧憬，开启了新的征程。回首过去的日子，我们心潮澎湃，难以忘怀。如今，3 月结束了，七、八年级的同学要参加清明节放假前的月考，九年级的同学要参加本学期第一次中考模拟考试。

还记得在中考动员会上，陈晓晖同学的那句话吗？"100 天足以让你创造出自己的奇迹！"我认为，80 天一定能让全体毕业生实现自己的梦想！七、八年级的同学也一定能在月考中考出好成绩，达成自己理想的目标！

新学期一开始，学校就调整了作息时间。新的起点，新的征程，新的希望。我们不仅要重视早读、晚背，还要养成早自习读书的习惯，晚自习做题的习惯，珍惜时间，努力拼搏，证明自己，超越自我！借此我对大家提几点希望。

一、坚定一种信念，确立一个目标

过去的日子已成为历史，从今天开始，希望每一位同学坚定"能力有限，努力无限，潜力无穷"的信念，制定出符合自己的奋斗目标与实施计划，绝不能在第一次月考、第一次模拟考试，就输在起跑线上！

二、培养一个习惯，孕育一种风气

开学第二周，德育处给每一位同学发了背诵内容，养成教育"十个学会"还记得吗？"十个学会"教育我们从感恩学会做人，我们要感恩父母的养育、老师的教育；从扫地学会做事，我们应保持教室区域卫生、个人宿舍卫生；从思考学会学习，我们应做到课上积极参与、课后独立作业；从做操学会健身，我们要坚持做好眼保健操、规范课间操；从问好学会礼貌，我们见到师长要问好，要和同学和谐相处；从走路学会文雅，我们应提升内心世界的品位，行为要高尚；从自护学会生存，我们应坚持自立自强，懂得排除隐患，避免事故；从微笑学会交往，我们要用微笑达成心灵的沟通，做到与异性交往有礼有度；从守纪学会自律，我们要维护校园管理制度，展现青春无限活力；从穿衣学会审美，我们应懂得穿衣体现气质，高雅彰显气度。

同学们一定要记住"青春少年成长誓言"。

我们是青春少年，遨游在知识的海洋里，努力拼搏，锐意进取，用出众的智慧培育金色的理想，用晶莹的汗水浇灌绿色的希望，不怕困难，坚强勇敢！

我们是青春少年，飞翔在友爱的天空里，团结一心，共铸辉煌。让金色的理想插上美丽的翅膀，让绿色的希望闪烁青春的光芒，奋勇争先，乘风破浪！

我们是青春少年，沐浴在师长的关爱里，温暖成长，茁壮向上。把父母的期待时时牢记在脑海，把老师的教导默默铭刻在心房，璀璨人生，扬帆起航！

在我校教师营造的"润之以爱，教之以方"的教育氛围中，我希望同学们养成"自觉记忆，认真学习"的好习惯，积极乐观地生活，做到自主学习、科学学习、愉快学习、勤奋学习，从而形成勤学、好问、善思、笃行的学习氛围。我们学校的学风是什么？知行兼善，学思相融！

三、创设一个环境，打造一个品牌

安全、卫生、文明、有序将是我们学校的新环境。每个班级都是学校的缩影，每位师生都是学校的形象，要树立"校兴我荣，校衰我耻"的荣辱观，从仪表整洁、不说脏话、不乱扔纸屑、课间安静有秩序等小事做起，创设我校特色文化，打造亮丽品牌。我们学校的愿景是"竞一流，创德育品牌名校；致卓越，树优质教育典范"，营造我校"心拥美善，行尚雅趣"的校风！我校的管理正逐步走向"文化管理，人文亲和；科学规范，精益求精"。

四、珍惜一次机会，创造一个奇迹

这是特别嘱咐九年级学生的，三年一轮回，机不可失，时不我待。你们要在仅有的 82 天时间里完成一次蜕变。是否化茧为蝶，完全取决于你们的努力程度。人生能有几回搏，你的成功将在奋力一搏中诞生。

五、培养良好习惯，铸就完美人生

习惯是人生最有力的向导。第一，要养成会听的习惯。上课认真听是学生首要培养的习惯，也是专心的一种体现。上课不认真听，课下再努力也只能事倍功半。第二，要养成勤思的习惯。只有在学习的过程中潜下心去思考，我们的学习才能更有效果。同学们，让我们再一次读出我校"学风"：知行兼善，学思相融！第三，养成敢说的习惯。在课堂上善于和同学争抢发言，敢于为同学解答问题，乐于把学到的知识讲给别人听，这是最好的学习方法。第四，养成善问的习惯。发问是开启成功大门的关键，在学习过程中遇到疑难问题后，同学们要敢于向老师或同学请教。这些习惯的养成将使我们终身受益！

六、过得快乐，诚恳待人，善待他人

除了学习好，我们还要养成良好的性格，要活得大气，过得快乐，要善待他人。我们知道善良是一种美好的品格，它能让你以极低的成本取得人生的成功！你可以用你的善良换取世界对你的帮助！人只要快乐，脑细胞就会活跃，学习效果自然会好。

亲爱的同学、老师，校园是美丽的田野，琅琅书声是田野里回荡的春风，老师用辛勤的汗水在春天里把希望的种子播撒，希望就从这里开始。给自己一份自信，给自己一份希望。用你的成绩来证明你的与众不同，用你的行动证明你关心与爱护我们的集体，用你对他人的理解与宽容来赢得别人的尊重。我们用学生誓词来结束今天的国旗下讲话！"我是学校的学生，我为在这里学习而自豪。在此，我庄严宣誓：广求真知，修博雅之学；明德修身，立美善之品。知行兼善，学思相融；锐意昂扬，勇攀高峰。一言一行，致力求真向善致美；一举一动，彰显靖远学子风貌！"谢谢大家！

（2017 年 3 月 27 日）

重视质量、合理评价，促进学校发展

——在 2017 年春季开学教师会议上的讲话

各位老师：

大家好！

度过了轻松、愉快的寒假生活，我们又满怀喜悦地重返校园，满怀信心地迎接新的学期。在此，我祝大家在新的一年里工作顺利，身体健康，万事如意！

新的一年，我们教师面临的挑战也很严峻。因为一所学校的成功不一定体现在生源的多少，而体现在学校管理、教育教学质量的提高和可持续发展上。只有在座的各位尽职尽责，学校的管理水平和教育教学工作质量才能稳步提高，2017 年中考才能实现我们"中考综合名次进入全县前 10 名，升学率达到 70%，平均总分再提高 30 分"的奋斗目标！我们要明白，质量、安全和发展是学校不可动摇的三大主题。

我们必须清醒地认识到目前学校教育教学工作存在的困难和压力，也必须清醒地认识到学校在教育教学管理过程中仍然存在许多不适应形势发展需要的矛盾和问题。

一、根据教育部工作部署，把安全工作放在学校工作首位

2017 年 2 月 17 日，教育部、公安部联合召开全国学校安全工作电视电话会议，县教育局、公安局分管校园安全工作领导，教育局相关科室负责人，县直各学校校长，各镇区中心学校督学在电信公司分会场收听收看会议实况。河北省、湖北省、安徽省、辽宁省，以及华东林业大学的代表进行了成功经验交流发言，公安部领导、教育部部长陈宝生做了重要讲话。

会议交流重点：安全工作始终是零起点。学校封闭式管理是校园安全隐患防治的首要任务。学校安全管理遵循"隐患就是事故"的原则。凡召开会议必须讲安全。预防不法分子进入校园，严格实行来人登记制度、及时反馈信息。实行安全责任事故免职、一票否决制度。重大事故从校园暴力、欺凌事件抓起。扰乱教学秩序，重拳出击。溺水事故仍是学生死亡的重要杀手。

教育部部长讲话重点：始终把人民群众的生命安全放在第一位。坚持以"依法治校"为中心，解决学校存在的安全隐患问题。完善安全风险管控机制，落实安全责任全员化、全覆盖，严厉打击涉及校园安全的犯罪行为。加强学生思想品德教育，从源头上制止校园暴力、欺凌事件的发生。抓出安全工作的成效，让家长放心，让社会满意。

要求做到"五个抓实"：一是抓实安全法治教育（生命安全教育、法治进校园、安全大讲堂、安全知识宣传）；二是抓实安全工作基础（构建安全隐患预防体系，建立安全管理工作平台，搭建网络监控平台，划分网络监控区域，完善安保体系）；三是抓实食品安全与疾病防控；四是抓实公安安全监管保障机制（扰乱校园活动秩序、干扰教育教学工作、携带公安管制物品、校园聚众滋事、危及师生暴力行为、报复师生案件等一律追究刑事责任）；五是抓实春季集中整治（三防为重点安全预防措施；专职安保人员校园分块全覆盖；安装紧急报警系统；拿出资金为校园安全做好服务；校园周边严密防范；加强师生矛盾排查化解；防止暴力和欺凌；提高学生交通安全意识；强化校园突发事件应急处置方案；加强学生饮食卫生安全管理）。

要求强化"三个到位"：一是依法监管到位（教育行政部门挂牌督办，上下学加强警务巡查，完善警校联动机制）；二是主体责任到位（执行问责制度，签订安全责任书，制定学校安全工作分工细则）；三是责任追究到位（将校园安全纳入综治考核，实行明察和暗访制度）。

二、研讨交流教学质量整体提高的执行措施

（一）2016年第二学期期末考试学生成绩评价数据

1.九年级平均分

九年级全县参考学生4 853人，其中100人以上的学校有三滩中学、糜滩中学、东升中学、靖安中学、靖远六中、靖远五中、靖远七中、东湾中学、杜寨初中、五合中学、贾寨初中、刘川中学、北滩中学、靖远八中，共14所学校，平均分七中排在第7名，九科合格率七中排在第7名。

语文成绩全县平均93.84分，第10名为靖远五中94.87分，靖远七中98.04分，全县第6名；数学成绩全县平均82.99分，第10名为靖远六中89.54分，靖远七中85.89分，全县第14名；英语成绩全县平均80.02分，第10名为泰安初中84.55分，靖远七中81.59分，全县第14名；物理成绩

全县平均 43.38 分，第 10 名为北湾中学 45.70 分，靖远七中 44.79 分，全县第 12 名；化学成绩全县平均 39.46 分，第 10 名为中堡中学 41.48 分，靖远七中 41.02 分，全县第 13 名；政治成绩全县平均 35.09 分，第 10 名为北湾中学 35.93 分，靖远七中 35.46 分，全县第 14 名；历史成绩全县平均 28.41 分，第 10 名为靖远五中 29.56 分，靖远七中 29.13 分，全县第 12 名；地理成绩全县平均 19.20 分，第 10 名为高湾中学 19.98 分，靖远七中 19.27 分，全县第 16 名；生物成绩全县平均 19.94 分，第 10 名为北湾中学 20.51 分，靖远七中 20.42 分，全县第 13 名；全科成绩全县平均 442.28 分，第 10 名为大庙学校 464.50 分，靖远七中 452.65 分，全县第 13 名。

2. 九年级合格率和优秀率

语文全县合格率为 63.51%，靖远七中 76.05%，高出 12.54%；数学全县合格率为 45.93%，靖远七中 46.58%，高出 0.65%；英语全县合格率为 39.09%，靖远七中 39.21%，高出 0.12%；物理全县合格率为 40.57%，靖远七中 47.63%，高出 7.06%；化学全县合格率为 45.77%，靖远七中 51.58%，高出 5.81%；政治全县合格率为 76.20%，靖远七中 53.95%，低 22.25%；历史全县合格率为 75.15%，靖远七中 76.58%，高出 1.43%；地理全县合格率为 62.72%，靖远七中 67.37%，高出 4.65%；生物全县合格率为 68.60%，靖远七中 77.63%，高出 9.03%；九科合格率为全县 19.35%，靖远七中 21.05%，高出 1.7%。全县排名第 10 名。九科优秀率：全县 10.67%，靖远七中 12.11%，高出 1.44%。

3. 七年级平均分

七年级全县参考学生 4 425 人，其中 100 人以上学校有靖远五中、糜滩中学、靖远六中、杜寨初中、靖远七中、东宁初中、东升中学、靖远八中、北滩中学、三滩中学、东湾中学、贾寨初中、刘川中学，共 13 所学校，平均分七中排在第 5 名，九科合格率七中排在第 5 名。

语文全县平均 77.16 分，第 10 名为庄口初中 78.52 分，靖远七中 76.17 分，全县第 19 名；数学全县平均 83.57 分，第 10 名为永和中学 88.69 分，靖远七中 82.93 分，全县第 14 名；英语全县平均 85.64 分，第 10 名为靖远六中 88.39 分，靖远七中 85.92 分，全县第 16 名；政治全县平均 64.36 分，第 10 名为蒋滩初中 65.72 分，靖远七中 64.99 分，全县第 12 名；历史全县平均 55.96 分，第 10 名为靖远六中 58.23 分，靖远七中 55.56 分，全县第 16

名；地理全县平均 55.70 分，第 10 名为靖远六中 58.47 分，靖远七中 54.68 分，全县第 18 名；生物全县平均 54.77 分，第 10 名为蒋滩初中 56.89 分，靖远七中 53.72 分，全县第 18 名；全科全县平均分 477.16 分，第 10 名为庄口初中 494.18 分，靖远七中 472.11 分，全县第 14 名。

4. 七年级合格率和优秀率

九科合格率：全县 23.68%，靖远七中 22.31%，低 1.37%，全县排名第 16 名。九科优秀率：全县 12.52%，靖远七中 9.62%，低 2.9%。

（二）2016 年第二学期期末考试教师教学成绩评价数据

七年级语文：平均 79.79 分。高于平均分的班级：（1）班 86.35 分，（5）班 84.22 分，（3）班 84.17 分，（6）班 84 分；低于平均分的班级：（2）班 79.42 分，（7）班 76.36 分，（4）班 75.18 分，（8）班 68.59 分。极差 17.76 分。

七年级数学：平均 91.07 分。高于平均分的班级：（7）班 94.61 分，（8）班 93.11 分，（3）班 92.08 分，（4）班 91.89 分；低于平均分的班级：（5）班 91.07 分，（6）班 89.61 分，（1）班 88.51 分，（2）班 87.65 分。极差 6.96 分。

七年级英语：平均 85.46 分。高于平均分的班级：（5）班 89.15 分，（4）班 86.571 分，（3）班 86 分，（1）班 85.96 分，（6）班 85.6 分；低于平均分的班级：（7）班 84.69 分，（8）班 84.09 分，（2）班 81.65 分。极差 7.5 分。

七年级道德与法治：平均 90.41 分。高于平均分的班级：（7）班 93.04 分，（8）班 92.99 分，（3）班 92.55 分，（4）班 92.27 分，（6）班 91.51 分；低于平均分的班级：（2）班 87.35 分，（4）班 87.08 分，（5）班 86.5 分。极差 6.45 分。

七年级历史：平均 84.53 分。高于平均分的班级：（3）班 94.98 分，（7）班 88.4 分，（6）班 86.39 分，（8）班 86.08 分；低于平均分的班级：（5）班 81.9 分，（1）班 81.16 分，（2）班 79.72 分，（4）班 77.62 分。极差 17.36 分。

七年级地理：平均 79.4 分。高于平均分的班级：（6）班 85 分，（1）班 80.41 分，（7）班 80.11 分，（8）班 80.01 分，（5）班 79.7 分；低于平均分的班级：（2）班 79.1 分，（3）班 76.3 分，（4）班 74.6 分。极差 10.4 分。

七年级生物：平均 76.15 分。高于平均分的班级：（6）班 81.05 分，（4）班 78.52 分，（3）班 78.46 分，（1）班 76.42 分，（5）班 76.18 分；低于平均分的班级：（7）班 76.9 分，（2）班 75.14 分，（8）班 66.49 分。极差 14.56 分。

七年级班级：平均 82.02 分。高于平均分的班级：（3）班 84.13 分（张明德），（7）班84.05分（陈耿），（6）班83.76分（张建明），（5）班83.16分（吴正应），（1）班83.11分（刘学猛）；低于平均分的班级：（8）班80.68分（陈耿），（4）班79.77分（马智），（2）班77.51分（王兴哲）。极差6.62分。

七年级各班中考指标数：前178名学生中，（1）班13人，（2）班16人，（3）班16人，（4）班26人，（5）班29人，（6）班17人，（7）班39人，（8）班22人。

七年级整体看：数学、道德与法治、历史三科进步较大；语文、地理、生物成绩有退步。

八年级语文：平均86.06分。高于平均分的班级：（4）班89.28分，（3）班88.4分，（2）班88.22分，（8）班87.03分，（5）班86.78分；低于平均分的班级：（1）班76.68分。极差12.6分。

八年级数学：平均95.15分。高于平均分的班级：（3）班97.18分，（5）班96.49分，（2）班96.37分，（4）班95.98分，（6）班95.38分；低于平均分的班级：（1）班89.48分。极差7.7分。

八年级英语：平均93.66分。高于平均分的班级：（6）班95.7分，（4）班95.27分，（2）班94.53分；低于平均分的班级：（3）班93.57分，（1）班92.09分，（5）班90.81分。极差4.89分。

八年级物理：平均94.83分。高于平均分的班级：（5）班96.85分，（4）班96.19分，（6）班95.4分；低于平均分的班级：（1）班94.62分，（3）班93.75分，（2）班92.18分。极差4.67分。

八年级道德与法治：平均86.79分。高于平均分的班级：（3）班95.62分，（4）班92.71分，（5）班89.33分；低于平均分的班级：（6）班81.82分，（1）班80.98分，（2）班80.29分。极差15.33分。

八年级历史：平均90.31分。高于平均分的班级：（4）班94.25分，（5）班93.52分，（3）班91.48分，（2）班91.41分；低于平均分的班级：（1）班89.11分，（6）班82.07分。极差12.18分。

八年级地理：平均92.49分。高于平均分的班级：（6）班94.32分，（5）班93.39分，（3）班93.16分，（2）班93.03分；低于平均分的班级：（4）班92.31分，（1）班88.71分。极差12.25分。

八年级生物：平均94.46分。高于平均分的班级：（4）班96.59分，（5）班95.66分，（1）班95.38分；低于平均分的班级：（3）班94.38分，（2）班94.09分，（6）班90.66分。极差5.93分。

八年级班级：平均 93.47 分。高于平均分的班级：（4）班 96.27 分（王建帅），（5）班 94.79 分（李红军），（6）班 94.5 分（滕维旭），（3）班 94.25 分（杨志敏）；低于平均分的班级：（2）班 92.69 分（包彦军），（1）班 88.33 分（关建军）。极差 7.94 分。

八年级各班中考指标数：前 171 名学生中，（1）班 24 人，（2）班 26 人，（3）班 24 人，（4）班 42 人，（5）班 27 人，（6）班 28 人。

八年级整体看：数学、英语、物理、地理、生物五科进步较大；语文、道德与法治成绩有退步。

九年级语文：平均 84.78 分。高于平均分的班级：（4）班 87.08 分，（1）班 86.22 分，（5）班 85.45 分，（3）班 85.23 分；低于平均分的班级：（2）班 84.25 分，（7）班 84.07 分，（6）班 82.82 分，（8）班 83.12 分。极差 3.96 分。

九年级数学：平均 94.63 分。高于平均分的班级：（4）班 97.9 分，（2）班 95.46 分，（1）班 95.33 分，（3）班 95.24 分；低于平均分的班级：（7）班 94.57 分，（5）班 93.39 分，（8）班 93.05 分，（6）班 92.1 分。极差 5.8 分。

九年级英语：平均 93 分。高于平均分的班级：（4）班 95.26 分，（5）班 94.9 分，（2）班 93.78 分，（1）班 93.41 分，（3）班 93.14 分；低于平均分的班级：（8）班 92.19 分，（6）班 92.1 分，（7）班 89.21 分。极差 6.05 分。

九年级物理：平均 86.89 分。高于平均分的班级：（6）班 93.88 分，（8）班 92.17 分，（1）班 91.08 分，（4）班 89.59 分；低于平均分的班级：（2）班 86.2 分，（7）班 81.9 分，（3）班 80.23 分，（5）班 80.09 分。极差 13.79 分。

九年级化学：平均 85.4 分。高于平均分的班级：（8）班 95.11 分，（5）班 92.55 分，（4）班 89.54 分，（6）班 87.25 分；低于平均分的班级：（2）班 80.53 分，（3）班 80.39 分，（1）班 79.42 分，（7）班 78.44 分。极差 16.67 分。

九年级道德与法治：平均 80.08 分。高于平均分的班级：（4）班 85.86 分，（5）班 82.87 分，（3）班 81.87 分；低于平均分的班级：（2）班 79.73 分，（8）班 79.08 分，（7）班 78.79 分，（1）班 77.18 分，（6）班 75.3 分。极差 10.56 分。

九年级历史：平均 91.82 分。高于平均分的班级：（2）班 95.49 分，（4）班 95.33 分，（3）班 93.76 分，（1）班 92.58 分，（5）班 92.18 分；低于平均分的班级：（6）班 92.17 分，（8）班 87.46 分，（7）班 85.57 分。极差 9.92 分。

九年级地理：平均 89.72 分。高于平均分的班级：（2）班 95 分，（6）班 92.26 分，（5）班 92.2 分，（4）班 90.07 分；低于平均分的班级：（8）班

89.1 分，（7）班 88.61 分，（1）班 88.44 分，（3）班 82.12 分。极差 12.88 分。

九年级生物：平均 92.69 分。高于平均分的班级：（6）班 96.73 分，（4）班 96.4 分，（1）班 96.02 分，（7）班 94.65 分，（2）班 94.49 分，（8）班 94.01 分；低于平均分的班级：（3）班 87.09 分，（5）班 82.14 分。极差 14.59 分。

九年级班级：平均 91.2 分。高于平均分的班级：（4）班 93.61 分（万生丽），（6）班 93.42 分（金小雪），（2）班 92.35 分（刘胤），（1）班 91.54 分（陈有为）；低于平均分的班级：（8）班 91.07 分（陈颛），（5）班 90.87 分（戴明硕），（7）班 88.92 分（张兆文），（3）班 87.78 分（段永富）。极差 5.83 分。

九年级各班中考指标数：前 242 名学生中，（1）班 30 人，（2）班 20 人，（3）班 20 人，（4）班 47 人，（5）班 30 人，（6）班 43 人，（7）班 20 人，（8）班 32 人。

九年级整体看：极差较大的学科是物理、化学、道德与法治、历史、生物，教师的敬业程度不均衡；通过半学期的努力，语文、数学、英语学科平均成绩有提高。

（三）2017 年春季教学工作具体安排

恢复学生语文、英语早自习时间，工作量定为 0.8 课时。时间安排在早操之后，教务处安排科任教师辅导跟班。语文 2 个早自习，英语 3 个早自习。早操前的早读由班主任负责。

晚背时间定为 50 分钟，教务处安排教师单班辅导：科任教师具体负责政治、历史、地理、生物背诵内容的落实，工作量定为 1 课时；班主任负责学生管理。另外，每周安排 1 个语文晚背。

晚自习时间定为 90 分钟，由晚自习辅导教师具体管理负责，工作量定为 1.5 课时。班主任负责晚自习后的学生住宿安全管理。

八年级本学期由 6 个班分成 8 个班，八年级（4）班分为 2 个班，即（5）班、（6）班，王建帅老师带 2 个班；八年级（6）班分为 2 个班，即（7）班、（8）班，滕维旭老师带 2 个班；原八年级（5）班改为（4）班。具体分班情况由教务处具体落实安排。除了八年级（3）班、（4）班为 36 人，其余各班的学生人数均为 35 人。

九年级 2016—2017 学年第二学期期末考试，学生总分排名前 31 名，成立优秀生辅导班（万生丽、陈颛）；排名中间（231～273 名）共 43 名，成立临界生辅导班（孙守发、王殊英）；排名后（352～380名）共29名，成立学困生辅导班（宋建峰、李引第）。主要辅导数学、英语。

教务处制定详细教学常规工作检查制度，对教案、作业、听课笔记等详细检查，做好记录，纳入年终考核评价；安排"同课异构、教学评优、岗位练兵"教师大练兵活动。

教师的听课记录由教务处详细考核，按照教务处每周的统一听课安排，教师选择性听课，听课次数和质量以教务处听课签到记录为准，每月进行公示，杜绝坐在教研室"听课"或补次数。

教学工作量不够或没有达到周基本工作量12课时的教师，到各处室兼职工作。不要因为工作量不够，在绩效工资考核、年终考核中受到影响。

本学期教师上课周课时数如下：

全年级：语文、英语 $=5×2×1.2×24=288$ 课时。

全年级：数学 $=6×1.2×24=172.8$ 课时。

全年级：体育、生物、道德与法治、历史、地理 $=2×1.1×24×5=264$ 课时。

七年级：音乐、美术、信息、心理健康、写字 $=1×5×8=40$ 课时。

八年级：物理 $=3×1.15×8=27.6$ 课时。

九年级：物理、化学 $=4×1.15×8×2=73.6$ 课时。

八年级：音乐、美术、信息、心理健康 $=1×4×8=32$ 课时。

九年级：音乐 $=1×8=8$ 课时。

早自习：语文 $=2×24×0.8=38.4$ 课时；英语 $=3×24×0.8=57.6$ 课时。

晚背：政治、历史、生物、地理、语文 $=1×5×24=120$ 课时。

晚自习：$5×24×1.5=180$ 课时。

梦想课：$8×1.5=12$ 课时。

周六辅导：七、八年级 $3×16=48$ 课时，九年级 $4×8=32$ 课时，总计80课时。

教师上课周总课时：1 394课时。

辅助课时：教务处60课时，德育处52课时，办公室30课时，总务处60课时，团委10课时，特殊工作40课时。共计252课时。

行政领导：$14×5=70$ 课时。

班主任：$24×5=120$ 课时。（不纳入绩效工资计算）

教师辅助周总课时：322课时。

教师周基本工作量：1 716÷127≈13.5课时。

辅助课时数为教师上课课时数的 20.8%，符合 4 : 1 比例系数。

本学期教师基本课时量：1 872÷127≈14.74 课时。（春季学期每周基本工作量定为 12 课时）

认真开展 2017 年 "一师一优课、一课一名师" 教学赛课活动。县教育局于 2017 年 2 月 23 日下午在靖远一中召开教研会议。教研室评价 2016 年此项活动，赛课人数 112 人，参赛率 89.6%。在城区八所中学中，我校排在第二名。感谢为我校教学教研工作的有序推进做出贡献的教师，在教学改革中，我校通过 "一师一优课、一课一名师" 活动取得了一定的成绩。春季开学后，我们要认真总结 2016 年工作经验，按照 2017 年教育局活动方案，精心策划、周密部署，依教务处制订详细的实施方案，切实组织实施好此项活动；通过校内认真组织评课排队，完成 2017 年教育局分配给学校的 17 课次录课任务。县教研室要求教师认真参与 "真爱梦想" 梦想课堂活动，学校为其安排课表纳入管理考核。45 岁以下的非毕业班教师都要参加。

参加靖远教研榜活动。在 "北京龙" 杯靖远教研榜启动会上，全县教师积极参与 "北京龙" 杯公益基金会和教育局共同开办的靖远教研榜活动，积极开展教育实践，分享教育智慧，共享教学经验。活动以榜单形式设置，共分 "微课创意作品榜" "特色教学设计榜" "新课改心得交流榜" "教学才艺展示榜" "课题研修榜" "我眼中的最美少年榜" 6 个榜单，每榜 300 人。具体说明和参加方式，教务处将制订详细活动方案。

三、德育工作实效性不高的解决办法

（一）职能部门要有执行力

德育处、团委严抓课间秩序、住校纪律；严抓学生卫生习惯、养成教育，按照制定的相关管理细则严格执行。班主任积极配合参与管理。班主任是班级管理第一责任人，负责一线管理。政教处、团委评价公示。学生宿舍实行谁的宿舍谁管理制度，高标准、高要求。

（二）2017 年春季德育工作具体部署

1. 德育处安排学生背诵学校管理理念相关内容

学校愿景：竞一流，创德育品牌名校；致卓越，树优质教育典范。

校训：德润于心，智践于行。

校风：心拥美善，行尚雅趣。

教风：润之以爱，教之以方。

学风：知行兼善，学思相融。

办学策略：文化浸润，择善而行；创新引领，与时偕行。

学校宣言：学校，倡导美德传承，注重教育创新，创建文化校园。传承文明，锐意进取；修文之美，养品之馨。我们心拥美善，放飞希望；我们行尚雅趣，与时偕行。立于德，塑品格，提升师生素养；成于新，求发展，创文化名校！

十年树木，百年树人，我们和融共进，为学生终生幸福奠基。百尺竿头，更进一步，我们拓新致远，铸就靖远品牌名校。

学生誓词：我是学校的学生，我为在这里学习而自豪。在此，我庄严宣誓：广求真知，修博雅之学；明德修身，立美善之品。知行兼善，学思相融；锐意昂扬，勇攀高峰。

一言一行，致力求真向善致美；一举一动，彰显靖远学子风貌。

养成教育"十会十从"和青春少年成长誓言"我们是青春少年"

养成教育"十会十从"

学会做人，从感恩开始；学会做事，从扫地开始；学会学习，从思考开始；学会健身，从做操开始；学会礼貌，从问好开始；学会文雅，从走路开始；学会生存，从自护开始；学会交往，从微笑开始；学会自律，从守纪开始；学会审美，从穿衣开始。

青春少年成长誓言"我们是青春少年"

我们是青春少年，遨游在知识的海洋里，努力拼搏，锐意进取，用出众的智慧培育金色的理想，用晶莹的汗水浇灌绿色的希望，不怕困难，坚强勇敢！

我们是青春少年，飞翔在友爱的天空里，团结一心，共铸辉煌。让金色的理想插上美丽的翅膀，让绿色的希望闪烁青春的光芒，奋勇争先，乘风破浪！

我们是青春少年，沐浴在师长的关爱里，温暖成长，茁壮向上。把父母的期待时时牢记在脑海，把老师的教导默默铭刻在心房，璀璨人生，扬帆起航！

2. 班主任严抓学生课间秩序管理

对课间秩序混乱的班级要停课整顿，追究班主任责任，被德育处处理达到两次及以上的，扣除班主任津贴 50 元。班主任要从每一个课间的秩序抓起，切实执行课间秩序管理规定。

3. 团委加强校园环境卫生管理

对出现问题的班级，要对班干部问责处理；严格细致地评价班级在卫生、纪律、活动、秩序等常规管理中的每一个环节。

四、安排新学期的开学及工作要求

2017 年新学期开始，学校制订了工作要点，大家一定要认真落实，在此我着重强调几点。

（一）提高团队意识，强化执行能力

人心齐，泰山移，团结就是力量。希望大家树立"学校一盘棋"的思想，不能动不动就分"你的""我的"，工作中不能有"部门"意识，都是学校工作，需要大家配合。部门之间、班主任之间、班主任与科任教师之间要搞好协调，和睦相处，心往一处想，劲儿往一处使。讲团结，离不开相互尊重，一个优秀的教师，随时随地都要体现出对自己、对他人、对规律、对自然的尊重。尊重自己，所以举止磊落，不随波逐流；尊重他人，所以平等谦和，不以自我为中心；尊重规律，所以不狂妄；尊重自然，所以不霸道。

在此基础上，我们要强化执行力。陈鸿桥在《90% 的玄机》一文中列出这样一个等式：$90\% \times 90\% \times 90\% \times 90\% \times 90\% = 59\%$。这个等式说明执行过程不能打折。

（二）工作要主动细致

现在学校管理是"精细管理"。我们的许多工作还有粗放、不到位的地方，要往深里做，往实里做，往细里做。

1. 教育教学质量是学校的生命线

教育教学质量必须要提到我校的日常工作上来，每一位教师都要树立质量意识，把教好每一名学生作为自己的基础工作、立身之本。试想，一名

教师，如果连教学质量都拿不出手，怎能算是一名称职的教师、优秀教师？2017 年中考工作是学校本学期工作的重中之重，希望任九年级课的全体教师埋头苦干，把工作做实，把教学抓实，充分发挥个人的主观能动性，争取考出优异的成绩。其他教师也要在新学期里做好工作计划，主动工作，为学校的发展做出自己的贡献。

2. 认真做好班主任工作

没有优秀的班主任队伍，就不会有优秀的学生和一流的学校，这已成为现代基础教育的共识。班级是学校的重要单位。作为班级管理者，班主任是学校生活中的重要人物。班主任的人文素养、责任意识、师德修养体现在处理纷繁班务的分寸把握上，体现在师德的遵守上，体现在对学生表扬与批评的措辞里，体现在和家长的真诚沟通中，体现在与科任教师交流的言谈举止中，体现在突发事件的处理等方面。

3. 不断加强自身学习，促进自身成长

我们处在一个变化的时代，社会在变，教学内容在变，我们的教育对象也在不断变化。如何跟上时代发展的脚步而不落伍？如何顺势而上，不断改进我们的教育教学方法，以适应变化中的教学内容和教育对象？我们只有不断学习，不断充实自己，才能与时俱进。

一个人学习的步伐是否坚实，决定了他行走的远近，同理，一所学校是否注重学习，是否能够营造良好的学习氛围，决定了学校的成败。我校借鉴成功学校的经验，通过教育资源网络平台记录自己的教育故事、教学反思、教学设计、教学课件、教育感悟等，在进行知识梳理、实践思考的同时，与多方交流，共享智慧，实现了群体共生。

（三）开学工作的具体事宜

（1）记住几个时间：2 月 28 日学生报到，办理入学手续，3 月 1 日按课表正式上课。开学报到上班时间：上午 8：00—11：30，下午 2：30—5：30，由德育处对班主任考核出勤情况。

（2）团委认真划分班级卫生区域，安排搞好校园环境卫生。本学期开始由团委负责升旗仪式。

（3）按核定的标准收费，任何人不得搭车收费、自立项目收费。违者严肃处理。

（4）人事安排：原则是小调整大稳定，本学期的工作量没有大的变动，只是个别教师的课要调整一下。在此希望大家尊重学校的工作安排，课时量多、工作重的教师，尤其是更改科目、变换年级的教师，请大家谅解，学校不能一味追求所谓工作量平均，而违背教育规律和常规管理。

（5）本学期学校对教研组进行整合，具体如下：行政组 15 人、语文 15 人、数学 17 人、英语 14 人、物地 14 人、政史 12 人、生化 9 人、技能组 12 人、工勤组 10 人。共 118 人。此外还有 9 人病假、支教、督导、借出。

（6）对教师职称晋升办法的建议和意见，请大家 3 月 3 日前到我办公室，一起交流研讨，尽快形成办法。

各位老师，新的学期孕育着新的希望。我希望大家在工作中做一个保持平和心态的人，做一个心胸开阔的人，做一个静坐常思己过，闲谈莫论人非的人。"认真做事能把每件事做对，用心做事才能把每件事做好。"希望我们大家都能认真把每个人的每件事做对做好，全力提高教学质量，下决心实现中考目标。希望大家精心准备，全力工作，顺利通过义务教育均衡验收"攻坚年"，全面加强德育工作，积极创建省级德育示范校！谢谢大家！

（2017 年 2 月 27 日）

八年级（1）班家长会主持词

目的：共同关心、了解和分析学生的学习和生活状况，家校共同努力，给学生以适当的帮助和推动，使学校、学生、家庭三方形成合力，让学生在学校取得更好的成绩。

地点：八年级（1）班教室。

时间：2017 年 11 月 8 日下午 13：30—17：00。

家长到会情况：应到 39 人，实到 39 人。

我代表八年级（1）班任课老师和全班 39 名同学，欢迎和感谢各位在百忙之中抽出时间来参加这次家长会。党化鹏家长、陈怀根家长成为学校家长委员会代表，让我们向他们表示祝贺！

学校家长委员会于 2017 年 11 月 4 日在学校的家长学校会议室召开，产生了 48 名家长代表，成立委员会组织机构，推选八年级（3）班张培元家长张克钧为主任；七年级（3）班王向斌家长王玉中、八年级（6）班杨晓文家长刘亚珍为副主任；七年级（5）班马湘尧家长马文琴为秘书长；七年级（9）班李沛元家长欧繁荣为副秘书长。

各位家长，时间过得很快，转眼开学已经半个学期了，八年级对于每一名学生来说都是人生的重要一年。我们把各位家长请来，就是要共同研讨如何提高孩子的学习成绩、如何培养孩子的生活习惯、如何帮助孩子树立人生理想、如何协助学校快速发展等问题，力争创建白银市示范化、标准化学校。

我今天发言的主题是"齐心协力共创佳绩"。下面我就这个主题讲以下几个问题。

一、宣传我校的校园文化

学校成立于 2011 年 8 月 25 日，位于靖远县北城开发区。2017 年秋季共有学生 1 022 人，专职教师 128 人。近年来，学校紧抓学校文化建设，创建和谐的校园氛围，逐渐打造自己的品牌特色，希望通过德智教育，以德化人，孕育真善美，润泽你我他，让智慧之花绽放，让美德薪火传承。同时，学校不断探索新机制，确立新思想，追求新境界，开创新局面。

二、班级总体情况

八年级共有学生 280 人，考试科目语文、数学、英语、物理各科总分均为 120 分，道德与法治、历史、地理、生物各科总分均为 100 分，8 个学科总分为 880 分。八年级最高达 808 分。八年级（1）班共有 39 人，男生 23 人，女生 16 人，其中寄宿生 16 人。大部分学生学习勤奋，表现良好。本次期中考试，王昱航同学 788 分，成绩位居年级第 3 名，徐涛同学 770 分，居年级第 6 名，杨润硕乐同学 742 分，居年级 13 名。其他学生仍需努力。

三、表扬期中考试成绩优秀的学生

全班 500 分以上的学生：金虹仰 697 分（30 名），詹雯 676 分（36 名），杨晶晶 675 分（39 名），张正瑛 666 分（42 名），邹盼祥 666 分（44 名），党玉欢 645 分（60 名），王悦 644 分（61 名），滕兴成 627 分，路彤 604 分。

期中考试语文年级平均成绩 76.63 分。八年级（1）班 79.56 分，排在第 2 名。八年级（7）班最高，为 83.36 分，高出平均分 6.73 分。八年级（4）班最低，为 71.56 分。极差 11.8 分。

期中考试数学年级平均成绩 72.93 分，八年级（1）班 74.56 分，排在第 4 名。八年级（7）班最高，为 87.91 分，高出平均分 14.98 分。八年级（2）

班最低，为 59.90 分。极差 28.01 分。

期中考试英语年级平均成绩 51.01 分。八年级（1）班 53.08 分，排在第 3 名。八年级（7）班最高，为 59.50 分，高出平均分 8.49 分。八年级（6）班最低，为 43.05 分。极差 16.45 分。

期中考试物理年级平均成绩 75.42 分。八年级（1）班 75.31 分，排在第 4 名。八年级（7）班最高，为 87.95 分，高出平均分 12.53 分。八年级（4）班最低，为 67.95 分。极差 20 分。

期中考试道德与法治年级平均成绩 66.92 分。八年级（1）班 67.26 分，排在第 3 名。八年级（7）班最高，为 74.16 分，高出平均分 7.24 分。八年级（2）班最低，为 62.63 分。极差 11.53 分。

期中考试历史年级平均成绩 61.04 分。八年级（1）班 58.56 分，排在第 5 名。八年级（7）班最高，为 69.50 分，高出平均分 8.46 分。八年级（2）班最低，为 55.00 分。极差 14.5 分。

期中考试地理年级平均成绩 53.71 分。八年级（1）班 53.03 分，排在第 4 名。八年级（7）班最高，为 63.64 分，高出平均分 9.93 分。八年级（6）班最低，为 48.62 分。极差 15.02 分。

期中考试生物年级平均成绩 72.77 分。八年级（1）班 67.49 分，排在第 5 名。八年级（7）班最高，为 81.45 分，高出平均分 8.68 分。八年级（2）班最低，为 65.50 分。极差 15.95 分。

期中考试班级年级平均成绩 530.43 分。八年级（1）班 528.85 分，排在第 3 名。八年级（7）班最高为 607.48 分，高出平均分 77.05 分。八年级（6）班最低，为 487.74 分。极差 119.74 分。

四、表扬靖远县第二届运动会表现出色的同学

陈丹在初中女子 4×100 米接力赛中获得第 1 名，初中女子 100 米赛跑获得第 3 名，初中女子 200 米赛跑第 3 名。魏丽娜在初中女子羽毛球比赛中获得团体第 2 名；杨润硕乐在初中女子羽毛球比赛中获得团体第 2 名。

五、介绍班干部队伍

班长：党玉欢；副班长：徐涛、杨润硕乐；学习委员：杨晶晶；纪律委员：詹雯；文体委员：金虹仰；卫生委员：王欢；生活委员：张仁飞；团支部书记：王昱航；宣传委员：鲜海霞、何嘉莉；组织委员：杨文涛、包正洲；语文学科代表：杨晶晶；数学学科代表：王悦；英语学科代表：张正

瑛；物理学科代表：金虹仰；政治学科代表：詹雯；历史学科代表：王昱航；地理学科代表：徐涛；生物学科代表：党玉欢。

六、目前班级存在的问题

学生偏科现象严重，主要表现在数学、英语两门课中。部分学生的睡眠状况不是很好，这和他们的作息习惯有关。部分学生心理压力大，学习上过于急躁，总想快速把知识学完。不少学生只停留在苦学上，不能做到实干加巧学，不能正确地评价自己。有的把目标定得太高，有的把目标定得太低，不能正确对待每一次考试成绩，考得不理想就感到无所适从，甚至丧失信心。

归纳起来主要的问题：压力比较大、学习效率不高、心理承受力弱、学习不得法、自信心不足。

七、需要家长协调的几个方面

第一，关注交通安全，不准学生骑电动车到校。

第二，关注学生的行为。交友、上网、消费情况、有无手机等都应该成为我们关注的问题。

第三，关注孩子的身体健康。多数学生在紧张学习的同时，承担着巨大的心理压力。班级中一部分学生曾出现过失眠、心情烦躁、看书头疼等亚健康状况，长此以往，学生免疫力低下，精神差，容易生病。

第四，有部分学生时常以饼干和方便面为食，导致胃病、感冒等时有发生，有时一次感冒就要耽误一两天学习。因此，家长在平时应注意观察，及早发现这些情况，有病及早治疗，对于身体虚弱的学生要加强营养。

第五，正确看待学生的成绩。关心孩子的学习不要只关注他的成绩、名次。成绩和名次仅在一定程度上反映了他的学习情况。我们应该和学生一道分析成功的经验和失败的教训，以便下次有所提高。

第六，帮助学生形成良好的学习习惯。我时常对学生说，早起是重要的，但效率更重要。中午一定要有一段休息的时间，这样才能保证下午和晚上有充沛的精力。要心静，心无杂念；还要多问，多向老师和同学请教。

第七，请本班家长代表和我们一起做好辅导资料的选用工作。

最后，希望各位家长能经常与班主任联系，及时了解子女在学校的学习和生活情况，并对班主任工作及我校的教育教学工作提出宝贵的意见和建议。感谢大家！

（2017 年 11 月 8 日）

不忘初心，牢记使命，铸就特殊教育事业美好未来

——在庆祝 2019 年"六一"儿童节文艺演出活动上的致辞

尊敬的各位领导、来宾朋友，老师们、同学们：

大家早上好！

一年一度的"六一"儿童节就要到来，我代表学校和全体教育老师祝少年儿童节日愉快！在此，我谨代表学校向一直以来关心和支持特殊教育学校发展的教育局领导、被邀请的嘉宾和节目表演者表示衷心的感谢和崇高的敬意。

国际民主妇女联合会为保障全世界儿童的生存权利、保健权利和受教育权利，于 1949 年 11 月在莫斯科召开的一次大会上决定每年 6 月 1 日为儿童节。于是，全世界的儿童就拥有了一个属于自己的节日——"六一"国际儿童节。

《中华人民共和国残疾人保障法》第 14 条明确规定，每年 5 月份第三个星期日为"全国助残日"。今年的主题是"自强脱贫，助残共享"。

同学们，"六一"儿童节是你们快乐的节日。你们在学校里过得很充实、很快乐。希望同学们自尊自爱、自强自立，好学上进、百折不挠，在成长中磨炼自己的意志，能生存，会生活。我们虽然特殊，但是我们和别人一样，美好未来从这里开始；我们虽然特殊，但是心境与他人相同，美丽天空任我们飞翔！

各位老师，党的十九大明确提出要"办好特殊教育"。这是我们特殊教育人的历史责任。我们要不忘初心，牢记使命，铸就特殊教育事业美好未来！我们要爱心奉献、耐心浇灌，关爱相伴、点燃梦想！特殊儿童同样热爱生活、热爱学习，他们需要我们的关爱，需要全社会的关注。我们要把特殊的爱献给特殊的孩子，用爱托起特殊儿童教育事业。只要人人都献出爱，世界将会更加美好。我们一起努力，让每一个生命绽放光彩！

最后，再次祝愿同学们节日快乐，预祝庆祝活动圆满成功！谢谢大家！

（2019 年 5 月 31 日）

爱心零距离，暖情传万家

——靖远县特殊教育学校捐助仪式主持词

尊敬的各位领导，女士们、先生们：

今天，我们在学校举行"爱心零距离，暖情传万家"捐赠捐助活动。爱心人士、企业家来到靖远县特殊教育学校，关爱特殊群体，这是学校的一件大事，学校和特殊家庭无比感激、无比振奋。我们要办好特殊教育学校，确保每一名特殊儿童有学上，能上得起学，上好学。

我代表学校对参加本次活动的甘肃省电视台领导张桂萍女士、吕飒女士，县残联武永琴副理事长，县教育局领导刘志天主任，县第二幼儿园霍雅娇副园长，捐赠捐助爱心人士常景宇先生、张宝东先生、李健先生、陈志财先生表示热烈的欢迎、诚挚的感谢和崇高的敬意！

靖远县特殊教育学校每一步发展离不开县委、县政府和教育局的关心和支持，离不开社会各界力量的大力帮助。学校的发展可以说是一步一步艰难地走过来的，全体教师共同努力建设支部活动阵地、制订学校发展规划，迎接义务教育均衡验收，搭建图书阅读平台；更新办学理念，重视校长文化，营造教研氛围，评价教师工作，规范考勤制度，营造和谐氛围，提高教师待遇，享受特殊教育津贴；更新教学设备，升级网络系统，增添音乐器材，更换教室地板；更新处室门窗，修建篮球场地，新建学生食堂，落实营养计划。新的教学康复综合楼正在建设，我们将一起努力，以饱满的热情营造无烟校园，建设美丽校园，改善学校办学条件，提高特殊教育能力！

我宣布捐赠捐助活动仪式开始。

社会各界爱心人士伸出了热情的援助之手，树立了时代新风，有力地推动了我县特殊教育事业的发展。非常感谢上海瓴宇教育科技有限公司总经理常景宇先生、甘肃太祥建筑工程有限公司项目经理张宝东先生、可喜安集团甘肃省总监李健先生、逯建明先生、甘肃瑞欧房地产营销策划有限公司总经理陈志财先生来到特殊教育学校捐赠助学，支持靖远特殊教育学校发展，这不仅是对特殊孩子的拳拳关爱，更是对特殊教育事业的关心、支持和鼓舞，是践行党的十九大报告提出"办好特殊教育"重要思想的实际行动，为我们树立了榜样，更为深刻、更为广泛地启发着我们，我们有决心一定要"办好特殊教育"！

上海瓴宇教育科技有限公司总经理常景宇先生捐赠特殊教育学校电脑10台、打印机1台、篮球10个。

可喜安集团甘肃省总监李健先生捐赠靖远县特殊教育学校价值2万元的学生食堂部分设备、价值2万元的学生宿舍床单被罩和可喜安生活用品。

请电视台领导张桂萍女士、吕飒女士，县残联武永琴副理事长，县教育局领导刘志天主任，县第二幼儿园霍雅娇副园长，常景宇先生、张宝东先生、李健先生、陈志财先生颁发捐助现金。

上海瓴宇教育科技有限公司总经理常景宇先生向每位特殊儿童捐助500元。

甘肃太祥建筑工程有限公司项目经理张宝东先生向每位特殊儿童捐助500元。请家长带着孩子依次受助。

在逆境中奋发向上、在关爱中树立信心，我们要珍惜和把握扶贫助学活动这一大好机遇，进一步开拓创新，夯实基础，努力把靖远的特殊教育办好，真正让我们的特殊家庭得到实惠。

同时，我希望受捐赠的特殊家庭铭记各位领导、各位企业家、爱心人士的深情关爱，坚定信心，自强不息，战胜困难，脱贫致富，报答各位领导和关爱我们的爱心人士。

最后祝各位领导、各位企业家、爱心人士身体健康、工作顺利、万事如意！祝受捐助的特殊儿童在"爱心世界"里快乐成长！我们共祝：好心人一生平安！

捐赠捐助活动圆满结束。

（2020 年 7 月 14 日）

绽放爱心，携手同行

——靖远县文化馆送文化走进特殊教育学校校长致辞

尊敬的各位领导、嘉宾，演出团队全体成员，各位家长、老师，幼儿园的小朋友们：

大家下午好！

今天"绽放爱心，携手同行"靖远县文化馆演出团队送文化走进靖远县特殊教育学校，即将为我们带来一场有品位的、高雅的文艺演出。在此，我代表学校党支部、学校全体师生对演出团队的到来表示热烈的欢迎和崇高的敬意！对前来参加本次活动的领导和嘉宾，特别是第二幼儿园的小朋友的到来表示衷心的感谢！

靖远县特殊教育学校于 2011 年建校，现有 8 个班，63 名特殊儿童。我校建成了标准化培智教育教学模式，设施设备齐全，新的综合康复楼正在施工，将于年底验收交付使用。我们将会建成特殊教育美丽校园。学校建立了"以校长文化为引领、以理念文化为核心、以制度文化为保障"的学校管理体系，形成了"爱生如子，爱心呵护，爱校如家，爱岗敬业"的特殊教育精神。学校秉持"让每一个生命绽放光彩"的办学理念，实现"能生存，会生活"的办学目标。我们经过了近三年的努力拼搏，坚持文化教育与康复训练并举，注重艺体教育，促进特殊儿童全面发展。

高雅的文艺演出节目对特殊孩子来说，在提高审美素养、塑造健全人格、培养高尚情操等方面有着不可替代的作用。希望全体师生和家长通过此次活动，能够进一步加深对高雅艺术的理解和热爱，提升精神文化的境界，使特殊孩子得到全面和谐的发展。

最后，让我们再一次对靖远县文化馆的全体演职人员表示衷心的感谢，预祝本次活动取得圆满成功！

（2020 年 9 月 27 日）

第五章　教师成长第五历程：走进纪实

——教育点滴显智慧，工作纪实累经验

　　工作纪实是对教师工作和学习的真实写照，它不仅翔实记载了教师工作的细节过程，也是学校发展的历史记载，更能体现一位教育工作者对事业的热忱和奉献精神。笔者精选了自己在普通教育学校和特殊教育学校工作期间的工作纪实，描述在学校的点滴工作。

第一节　教师工作纪实

一、工作纪实

　　《工作纪实 业务学习：普通学校 2016—2017 年段》，共 90 页。

　　《工作纪实 业务学习：特殊教育学校 2018 年段》，共 110 页。

　　《工作纪实 业务学习：普通学校 2019 年春季》，共 75 页。

　　《工作纪实 业务学习：普通学校 2019 年秋季》，共 70 页。

　　《工作纪实 业务学习：普通学校 2020 年春季》，共 132 页。

　　《工作纪实 业务学习：普通学校 2020 年秋季》，共 70 页。

　　《工作纪实 业务学习：普通学校 2021 年春季》，共 114 页。

　　《工作纪实 业务学习：普通学校 2021 年秋季》，共 100 页。

　　《工作纪实 业务学习：普通学校 2022 年春季》，共 120 页。

　　《工作纪实 业务学习：普通学校 2022 年秋季》，共 126 页。

　　主要内容：参加各种会议、活动；组织各种会议、活动；学校管理工作；教学管理工作；养成教育工作；迎接各种检查；义务教育均衡发展工

作；校长研读提升学习；行政会议、教师会议；接收上级文件；落实学校各项具体工作；观摩交流、培训学习；研修学习、心得感悟；等等。共计20余万字。

二、工作案例

《我的百篇文集》，共 138 篇，329 页，28 万余字。

《学校管理文集》，共 110 篇，256 页，24 万余字。

《教育教学论文集》，共 68 篇，205 页，24 万余字。

《放歌靖远——人文荟萃》，共 108 篇，235 页，27 万余字。

《我的教育文集（1）》，共 132 篇，286 页，32 万余字。

《我的教育文集（2）》，共 74 篇，238 页，22 万余字。

《我的教育文集（3）》，共 35 篇，176 页，17 万余字。

《做学校管理真心人、引领人》，共 28 篇，168 页，19 万余字。

《校长的特殊教育情怀》，共 34 篇，125 页，11 万余字。

《红色靖远》校本教材，共 4 章 15 课 65 小节，122 页，10 万余字。

《我的微信世界（1）》，共 149 篇，296 页，26 万余字。

《我的微信世界（2）》，共 90 篇，254 页，19 万余字。

《我的微信世界（3）》，共 79 篇，224 页，18 万余字。

三、撰写论文

2003 年，论文《培养学生主动性学习，改革课堂问答式教学》荣获白银市中学英语优秀论文二等奖。

2009 年，在《甘肃日报》发表文章《浅谈课堂教学中的合作学习》。

2015 年，在《试题研究（教学论坛）》第 14 期发表论文《浅谈对初中英语"高效课堂"的认识》；在《中学课程辅导（教学研究）》第 9 期发表论文《浅谈如何在初中英语教学五个"基本环节"中提出问题》。

2016 年，在《靖远教育》第 3 期发表论文《从"同课异构"课中寻找英语教师专业发展的基点》。

2017 年，在《靖远教育》第 5 期发表论文《教师工作量认定办法探索：签单时认定、课时化管理——靖远第七中学教师工作量认定办法》；在《靖远教育》第 6 期发表论文《落实教师考勤制度 规范学校管理体系——浅析靖远七中教师出勤、请假制度》。

2019 年，在《靖远教育》第 2 期发表论文《积淀特殊教育文化内涵，推进培智课程改革》；在《靖远教育》第 3 期发表论文《靖远县特殊教育学校管理"三大要素"》。

第二节　靖远县特殊教育学校发展纪实

每一个孩子都是可爱的天使，带着父母美好的期盼来到人间。他们在成长过程中带着好奇学习文化知识，游历名川大山，在探索中发现和感知世界的辽阔壮美、生活的丰富多彩。但是，有一些孩子，一出生就带着缺憾，如肢体残疾、智力障碍。这些先天性的疾病常让孩子自卑、痛苦，家长绝望无助。

2013 年 9 月，在靖远县乌兰山下，黄河母亲河畔，红军曾经渡河的地方，一簇特殊教育的星星之火燃起，靖远县特殊教育学校开始踏上一条培智教育的耕耘之路。在社会各界的关心和支持下，靖远县特殊教育学校从无到有，一步一步茁壮成长。学校校园环境优美，是靖远县唯一一所九年制义务教育培智学校，每个年级设置一个培智教育班，让特殊的孩子接受尽可能的智力培育和康复训练，保障特殊孩子义务教育阶段的学习。

学校提出"校长文化、理念文化、制度文化"三个管理要素，逐步建立"以校长文化为引领、以理念文化为核心、以制度文化为保障"的学校管理体系。学校按章办学、依法治学，彰显"爱生如子、爱心呵护、爱校如家、爱岗敬业"的特殊教育精神。全体教师在实践中不断反思，产生一种教育智慧，悟出一些教育真谛，形成一种教育理念，找到一种教育文化。

学校将"让每一个生命绽放光彩"作为办学理念，以实现"能生存，会生活"为办学目标，以"关爱相伴，点燃梦想"为校训，以"自尊自爱，自强自立"为校风，精心打造"爱心奉献，耐心浇灌"的教风，努力营造"好学上进，百折不挠"的学风，形成学校"特殊施教，有爱才美"的发展灵魂。展望未来，师生豪情满怀，意气风发，努力创建美丽、和谐、文明、奋进的特殊教育学校，实现智力障碍儿童的快乐梦想、成长梦想！

学校将教育信息化明确为办学发展的重要方向和品牌特色，将先进的信息技术渗透学校教育教学、康复训练的方方面面，并结合学生的实际需要，不断创新课程教学模式，实施以学生实际需求为依据、以生活为核心，能够促进学生身心和谐发展的个别化教育课程改革。个别化教育课程改革实施以来，成效斐然，获得了家长以及社会的充分肯定和支持。

特殊教育在靖远县蓬勃发展，全体教师遵循特殊教育发展规律，推进特殊教育健康有序发展。为了全面贯彻党和国家的教育方针，体现"全纳教育""融合教育"的办学思想，办学之初，学校就以"生存生活指导、身体心理康复、文化教育并重"为办学原则，开始了特殊教育之路。

在靖远县特殊教育学校里，有一群特殊的学生。在这些学生的智力培养上，特殊教育工作者像父母一样呵护着他们，让他们在康复训练中恢复智力，在学习中提高能力，绽放生命的光彩！

自从有了特殊教育学校，学生们插上了理想的翅膀，家长们也看到了希望和曙光。在特殊教育学校接受3个月、5个月、1年、2年的科学教育后，学生们个个心情愉悦，拥有了学习和生活的自信。在学校举办的庆"六一"活动中，这些孩子大显身手，各展才艺，唱歌、跳舞。当这些学生在舞台上尽情表演时候，台下的观众也不自觉地为这些孩子的多彩"六一"喝彩！

办学以来，学校致力于打造一支优秀的特殊教育师资队伍，通过走出去、请进来，自主培训等方式，全方位打造专业化教育团队。特殊教育工作者除了传授科学知识，还要承担心理辅导、康复训练等工作。面对特殊教育对象，特殊教育工作者要有超乎常人想象的耐心、细心和爱心，只有这样，才能托起这些学生明天的太阳。

光芒绽放，熠熠生辉。学校承载着责任、关爱和希望，收获了成功和喜悦。学校先后成为中国关心下一代工作委员会教育中心"全国特色实验学校"、西北师范大学"特殊教育专业实践与研究基地"、兰州城市学院"实习基地"，先后获得靖远县教育系统"先进党组织"、靖远县教育系统先进集体、靖远县"文明单位"等荣誉称号。

光前裕后，继往开来。成绩是一种荣耀，更是一种责任。展望未来，学校将以党的十九大精神为指引，与时俱进、勇于创新、锐意进取，以课改促进发展，以特色铸就品牌，为靖远特殊教育事业做出新的贡献！

不忘初心，牢记使命。学校深刻理解"发展特殊教育是推进教育公平，实现教育现代化的重要内容，是坚持以人为本理念，弘扬人道主义精神的重要举措，是保障和改善民生、构建社会主义和谐社会的重要任务"。

学校坚持"把爱奉献给特殊孩子"的办学宗旨，对每一位培智学生全心呵护，精心教育，让他们快乐地接受康复训练、发展智力的融合教育，愉快、安全地度过每一天。

第三节　美好未来从这里开始

——蓬勃发展中的靖远县特殊教育学校

花园似的校园，被点缀得五彩斑斓，生机盎然。这里是靖远县唯一一所九年制义务教育培智学校。在这里，特殊学生可以接受智力培育和康复训练，保障他们接受义务教育的权利。

一、党建引领

第一，强化组织管理，引领阵地建设。学校党支部每月至少组织 1 次党员活动，组织教师认真学习党史、改革开放史、社会发展史等，用新理念、新思想武装教师头脑。

第二，强化政治担当，引领榜样带头。学校党支部引导党员忠诚于党的教育事业，讲纪律，守规矩，努力推进特殊教育事业发展，树立先进典型，落实党员模范带头作用。

第三，强化组织实效，引领活动开展。学校党支部常态化组织爱心人士送温暖活动，打造学校捐赠文化；组织特殊儿童参加康复训练、体育训练、劳动实践和娱乐活动；搭建特殊儿童和普通学校儿童交流互动平台，推进融合教育健康有序发展。

二、发展目标

为了全面贯彻党的教育方针，全体教师牢记使命、锐意创新。在党支部的领导下，学校努力建成"一个基地"，即"靖远县中小学德育基地"；打造"两个特色文化"，即"特色管理文化、爱心捐赠文化"；落实"三项教育目标"，即"学前教育目标、职业教育目标、心理健康教育目标"；成立"四个中心"，即"靖远县特殊教育资源中心、靖远县送教上门教师指导中心、靖远县随班就读教师指导中心、靖远县特殊学生家长培训中心"；创建"五个一流"，即"实施一流的科学管理、建设一流的师资队伍、营造一流的育人环境、达到一流的教育质量、争创一流的特殊教育名校"。

三、文化强校

学校建立了"以校长文化为引领、以理念文化为核心、以制度文化为保障"的学校管理文化体系。学校按章办学、依法治学，彰显"爱生如子、爱心呵护、爱校如家、爱岗敬业"的特殊教育精神。

（一）校长文化

校长在一定程度上决定了学校的文化品位和文化气质。特殊教育学校校长肩负着特殊使命，必须通过"创新理念、坚持学习、勤于思考、坚守一线、善于沟通、经营学校"使自己具备"敏感的政治素质、高尚的道德素质、成熟的专业素质、良好的身心素质、强大的执行素质"。也就是说，特殊教育学校校长要用自己的思想和精神锻造学校"特殊施教，有爱才美"的发展灵魂。

（二）理念文化

学校将"让每一个生命绽放光彩"作为办学理念，以实现"能生存，会生活"为办学目标，以"关爱相伴，点燃梦想"为校训，以"自尊自爱，自强自立"为校风，精心打造"爱心奉献，耐心浇灌"的教风，努力营造"好学上进，百折不挠"的学风，体现"全纳教育""融合教育"的办学思想，以"生存生活指导、身体心理康复、文化教育并重"的办学原则，开始"启蒙—启智—花蕊—学智—彩虹—康智—蓝天—梦想—理想"的特殊教育之路。

（三）制度文化

学校深刻理解中共中央、国务院印发的《深化新时代教育评价改革总体方案》，做实对教师出勤、工作量、过程性工作成绩、绩效考核、年终考核、职称晋升、评优选先等方面的评价认定，公正公平、公开透明，充分发挥绩效考核的激励作用，发挥教师内在潜力；做实"一生一案"对学生学习与成长过程的完整记录和家访工作，为学校的发展提供有力保障。只有使制度文化真正成为学校办学经验的体现和结晶，其才能成为学校发展的一种方向、一种追求、一种激励。

四、特殊施教

培智教学楼门厅前写有对联："师教从心始 爱助苔花向阳开融合启智，生特有志坚 梦随彩蝶逆风舞回归生活。"学校以学生实际需求为依据，以生活为核心，落实适应环境所需要的、促进学生身心和谐的个别化教育课程改革。通过对学生进行评价，教师可以了解学生的学习起点，明确学生的学习需求，为学生制订学习目标，从而推进教育教学和康复训练的融合教育的实施，满足每一个特殊学生的需要。

康复综合楼门厅前写着："筑起折翼天使绚丽空间生命光彩绽放，激发特殊孩子无限潜能身心自然康复。"在特殊教育学校里，教师像父母一样呵护着学生，让他们在康复训练中恢复健康，在教育教学中启发智力，绽放生命的光彩！

五、精彩绽放

学校的快速发展为每个特殊学生插上了理想的翅膀，也让家长看到了希望和曙光。通过参加"六一"儿童节文艺汇演活动、地方文化"秦腔进校园"活动、县残联开展的残疾人文化进家庭"五个一"活动、"绽放爱心、携手同行"靖远县文化馆送文化进校园活动、特殊教育学校师生走进县博物馆活动等，特殊学生更加乐于分享快乐，变得更加自信。

六、爱心捐赠

学校认真落实国家关于特殊儿童义务教育阶段的生活补助，发放营养餐；通过宣传特殊教育事业，打造学校"爱心捐赠"文化。近年来，爱心人士走进特殊教育学校伸出援助之手，捐赠捐助设施设备、教学和生活用品，关注特殊教育学校，关爱特殊孩子，传承了"爱心零距离，暖情传万家"的爱心捐赠文化。

七、能力提升

办学以来，学校致力打造一支优秀的特殊教育师资队伍，通过走出去培训、自主学习等方式，全方位打造专业化教师团队，旨在通过特殊教育师资队伍专业能力的提升，托起特殊儿童明天的太阳。

八、成绩斐然

学校成为中国关心下一代工作委员会教育中心"全国特色实验学校"、西北师范大学"特殊教育专业实践与研究基地"、兰州城市学院"实习基地"，并先后获得靖远县教育系统"先进党组织"、靖远县教育系统先进集体、靖远县"文明单位"等荣誉称号！

第六章　教师成长第六历程：走进教育评价

——构建有效教育评价模式，推进教育质量快速提升

第一节　新时代背景下学校教师评价改革的优化与创新

教育评价事关教育发展的方向，事关教师切身利益的维护。学校应该切实担当起历史赋予的使命，在学校管理中尊重教师的工作过程和工作业绩，促进教师潜力的挖掘和自由发展。教师评价是学校工作的重要组成部分，也是学校管理的重要手段。学校开展教师评价，对深化教育改革，调动教师工作的积极性，提高教育质量具有重要意义。在新时代背景下，学校在教师评价改革方面要与时俱进。

一、新时代背景下，学校要挖掘和构建教师评价文化

新时代学校管理要突出评价文化。评价文化是学校办学经验的体现和结晶，是学校发展的一种方向、一种追求、一种激励、一种责任。评价文化对规范教育教学秩序，达成办学目标起着保障作用。从整体来看，评价文化以规范为手段，以发展为目标。学校评价的严肃性体现在制度的公平、公正、公开上，体现在学校的工作有章可循、有据可依上。评价是规范教师行为的标准，是教师必须遵守的行为准则，也是教师必须遵守的工作底线。

学校评价与人文关怀的统一形成了学校的制度文化。这就要求学校领导具备较高的领导能力，同时要求教师提高思想觉悟，自觉遵守制度。学校管理制度的实施应该包含刚的处理、柔的关怀、爱的补充。从这一层面看，教师既是评价制度的执行者，也是评价制度的监督者，更是评价制度的考核者。

学校的评价管理文化涉及教师考勤、工作量、工作成绩、绩效工资、年

度考核、职称晋升、评优选先等方面。教师评价要做到科学化、规范化、数据化和程序化。在新时代背景下，学校要发挥评价的激励作用，深化和构建评价文化。

二、新时代背景下，学校要制定和完善教师评价内容

新时代，学校要坚持把师德师风作为评价教师队伍素质的第一标准，作为教师绩效考核、年度评价、职称评聘、评优奖励的首要内容，推动师德师风建设常态化、长效化，正确教育和引导教师。

（1）把立德树人作为教师评价的首要标准。学校要重视师德师风建设，重点强化教师的育人水平和育人能力。师德高尚的人从事教书育人的工作，才能更好地解决学生在成长和发展中出现的各种问题。

（2）做实工作量的认定。学校教职工岗位包括任课教师、管理人员、教学辅助人员和工勤人员等岗位。任课教师是指学校中具有相应教师资格、直接从事教育教学工作的专业技术人员；管理人员是指在学校管理岗位上从事管理工作的人员；教学辅助人员是指学校中从事教学实验、图书、信息化管理、安全、卫生保健等教学辅助工作的人员；工勤人员是指学校中从事后勤服务的人员。

（3）做好教师出勤、工作纪律的考量。学校要保证教师能够正常按时到校参与教育教学工作，要求教师严格遵守学校的出勤及请销假制度，一旦出现问题，要严肃管理。

（4）重视教师的工作实绩。学校对教师教学成绩的评价是所有评价中最难的一项，必须把握好平衡度。评价内容要有利于教师自身的成长与发展，有利于提高教师教书育人的积极性，有利于提高教师的课堂教学能力。

三、新时代背景下，学校要优化和创新教师评价模式

按照《深化新时代教育评价改革总体方案》的精神和要求，学校要从德、能、勤、绩等方面完成对教师的考核评价工作。新时代，学校要优化和创新教师评价模式应从以下几方面着手。

（1）强化教师思想政治素质建设，推动德风建设常态化、长效化。学校要全面落实新时代教师职业行为准则，把师德作为教师评价的首要内容；把认真履行教育教学职责作为评价教师的基本要求，突出教师德育实绩，激励教师爱岗敬业、爱心奉献、耐心浇灌，积极主动地完成各项工作任务，努力推进学校工作持续健康、快速发展。

（2）在工作量上，学校推行"签单式认定，课时化管理"工作量认定

模式。学校要充分调动教师教书育人的积极性、主动性和创造性，将学校管理与教师工作量结合起来，落实"签单式认定，课时化管理"工作量认定模式，让教师明确自己的工作量，做到心中有数。签单认定工作量的模式为全校教职工确定了一个真实、可靠的工作依据。

（3）建立教学成绩"六率代数和"数据评价模式。学校可先对教师教学和工作成绩采取纵向评价方式，将教师的考试成绩和上次成绩进行比较，纵向比较得出教学成绩，再把全校教师的百分成绩放在同一个评价平台进行横向评价。"六率代数和"评价模式注重的是教师自身的教学能力的提升。在这个模式中，教师的教学成绩以期中考试成绩和期末考试成绩为准，主要关注的是教师所教学科成绩的进步程度，以此对教师进行一个比较精准的评价，避免出现比较评价不充分、不平衡的现象。

四、新时代背景下，学校要优化和创新教师评价制度

教师评价是学校工作的重要内容。学校评价教师的教学工作，要坚持严管和厚爱结合、激励和约束并重，不断完善教师评价机制，建立激励机制，给予工作有担当、教学有创新的教师荣誉。

（1）评价教师师德师风。一是评价教师的政治素养。评价教师对"四史"（党史、新中国史、改革开放史、社会主义发展史）的学习和对党的各项方针、政策的理解和贯彻是否达到一定的标准。二是评价教师的职业修养。评价教师坚守"坚定政治方向、自觉爱国守法、传播优秀文化、潜心教书育人、关心爱护学生、加强安全防范、坚持言行雅致、秉持公平诚信、坚守廉洁自律、规范从教行为"等教师职业 10 项准则是否牢固。三是评价师德行为规范。评价教师是否存在以下现象：违法乱纪，违反社会公德，酒驾醉驾，参与赌博、邪教，搞封建迷信，传播低级庸俗文化和思想，造成不良的社会影响；在生活、经济等方面犯有错误，造成不良影响；以教谋私，向学生乱收费，造成一定的负面影响，或被查实向家长索要钱物，或被查实参与有偿补课，有损教师形象；讽刺、挖苦、歧视学生，体罚或变相体罚学生造成严重后果；因工作不负责任或工作失职致使学生出走或打架造成严重后果；对本职工作不负责任，旷职旷课严重影响教育教学工作，对学校和社会造成严重不良影响等。学校要对此做出不同程度的评价。该项评价分值不能超出 12 分的权重。

（2）评价教师工作量。学校可将教师周工作量的课时数认定为教师工作量评价分值，分值不能超出该项 20 分的权重。与此同时，学校要对不同

学科教学人员周工作量区别对待，特别是随着考试制度的不断改革，对一些学科的权重系数，如语文、英语、数学的权重系数和物理、化学、生物、历史、地理、政治等学科的权重系数加以区别；重视音乐、体育、美术、信息技术、劳动技术、社区服务与社会实践课程、研究性学习、地方课程、校本课程等的工作量的认定和评价。

（3）评价教师出勤和工作纪律。教师在正常上班期间的请假要严格执行学校的相关制度。学校要严肃对待教师在校期间的工作纪律，完成教师出勤评价分值，分值不能超出该项22分的权重。教师一学期内事假累计1.5月以上（含1.5月）、病假2月以上（含2月），出勤、工作纪律项不得分，但法定节假日，正常产假、婚假、丧假时间除外；病假有住院手续另行对待。教师迟到早退，请事假、病假，教师私自离校，缺席学校统一组织的各种会议和活动，要有所区别。

（4）评价教师工作或教学成绩。按照"六率代数和"评价方案评定教师教学成绩，教师成绩评价分值不能超出该项35分的权重。学校可以把会考、中考、高考、质检成绩作为教师教学评价成绩的主要依据，用百分制来考量，得分值的35%计入年度考核评价成绩。同时，学校要考虑后勤工作人员等的工作成绩的评价。

（5）评价教师教学常规工作。分值不能超出该项8分的权重。一是在常规检查方面，如果出现以下现象，学校要扣除其不同程度的分值：教师备课不认真、无教案上课；不认真上课，上课迟到，提前下课；课堂纪律差，秩序混乱，学生出现追逐打闹现象；对专用教室、器材、设施设备管理维护不到位；指导学生活动不科学、不规范，学生意见大；没有完成学校规定听课次数；作业批阅不认真或次数不够；不能及时完成学校布置的教学（工作）任务；学校安排的各处室具体工作，教师不负责、不落实、工作滞后，造成负面影响；等等，学校要对其进行不同程度的分值扣除。二是在学生家访方面，教师要按照学校工作目标，每学期完成家访记录、家长签字、合影照片、德育处备案等内容。三是在学业述评方面，教师在教育教学过程中，每学期都要针对学生的学习和生活等情况以书面形式在教研或交流活动中向全体教师做出述评。

（6）评价教师个人业绩。教师在个人业绩方面所有得分总和不能高于该项3分的权重。教师个人业绩包含以下方面：一是获得省、市、县政府颁发的先进或优秀教师等称号；获得省、市、县教育行政部门颁发的先进或优秀教师等称号；所带班级获得省级、市级先进班集体。二是通过各级鉴定的课题；在国家级、省级等报纸、期刊发表论文。三是在参加评优课、辅导学生竞赛、技能活动中获得一、二、三等奖。四是完成学校安排的大型活动的组织和排练工作，参加县级及以上组织的活动等。

总之，学校对教师工作的评价是新时代学校工作的重要内容，要坚持严管和厚爱结合、激励和约束并重，完善教师评价机制，旗帜鲜明地为担当教育、踏实做事的教师撑腰鼓劲，使得评价真正体现出学校管理"重师德、重安全、重过程、重数据、重结果、重文化"的管理元素。

在新时代背景下，学校努力优化和创新教师评价体系，可以让教师认可学校评价体系的可行性和可操作性，接受学校评价方案，找到自己的成长和发展的目标，调动工作积极性，从而实现教育为社会主义现代化建设培养合格人才的最终目的。

第二节　把握权重做评价，分析成绩谋发展

义务教育初中阶段是基础教育的中心环节，有着承上启下的地位。中考的成绩在一定程度上影响着将来高考的质量和县域内优秀人才的培养。可见，了解县域内初中教育教学的现状，掌握学校中考质量的优劣，有利于学校更好地调整初中阶段的教育教学策略，激发教师工作积极性，推进县域内教育教学工作高质量发展。

一、做好成绩分析，研判教育质量

（一）问题思考

成绩分析要思考的一些问题：考试成绩提高不快是教师工作的积极性不高，还是学生在学习过程中没有主动性？教师有没有指导学生考试时的注意事项？研判县域内学生成绩提高不快的制约因素有哪些？如何制订能有效提高成绩举措？这些问题需要教师深入分析研判，以科学合理的评价来解决。

（二）成绩分析

成绩分析指的是对一次考试成绩做全方位的数据统计和研判，做到数据真实准确，分析科学合理。

一是了解县域内有多少学生参加了考试，有多少有学籍的学生没有参加

考试，缺考的原因是辍学还是劝退；二是按照县域内高中录取分数线，掌握各中学被高中录取学生的实际情况；三是分析县域内各学校优秀学生数的占比、城乡分布；四是分析各学校平均分在上一次考试的基础上提升了多少，哪一所学校提升较快，哪一所学校没有提升；五是分析各学校各学科成绩及格率、优秀率是否达标；六是分析学校对学困生的关注度，各学校是否做到了均衡发展。

二、分析成绩数据，对比找出差距

以下是某县中考录取数据，在此作为样本，分析如下。

100 人以上学校（用 A 表示）16 所，A1 学生 114 人，A2 学生 880 人，A3 学生 148 人，A4 学生 301 人，A5 学生 107 人，A6 学生 100 人，A7 学生 121 人，A8 学生 155 人，A9 学生 104 人，A10 学生 154 人，A11 学生 256 人，A12 学生 554 人，A13 学生 223 人，A14 学生 174 人，A15 学生 198 人，A16 学生 117 人。

100 人以下学校（用 B 表示）16 所，B1 学生 30 人，B2 学生 61 人，B3 学生 38 人，B4 学生 3 人，B5 学生 48 人，B6 学生 47 人，B7 学生 37 人，B8 学生 31 人，B9 学生 37 人，B10 学生 37 人，B11 学生 62 人，B12 学生 37 人，B13 学生 92 人，B14 学生 69 人，B15 学生 20 人，B16 学生 17 人。

（一）中考学生参考率

中考共有 4 372 名学生参加，按照第二次模拟考试认定的应考（学籍）人数是 4 684 名，有一定比例的学生没有参加考试，参考率是 93.33%。

一是 100 人以上学校（用 A 表示）。A2 应考 947 人，实考 880 人，有 67 人未参加考试，参考率 92.93%；A8 应考 187 人，实考 155 人，有 32 人未参加考试，参考率 82.89%；A12 应考 599 人，实考 554 人，有 45 人未参加考试，参考率 92.49%；A13 应考 245 人，实考 223 人，有 22 人未参加考试，参考率 91.02%；A14 应考 191 人，实考 174 人，有 17 人未参加考试，参考率 91.10%；A15 应考 213 人，实考 198 人，有 15 人未参加考试，参考率 92.96%。

二是 100 人以下学校（用 B 表示）。B1 应考 35 人，实考 30 人，有 5 人未参加考试，参考率 85.71%；B5 应考 54 人，实考 48 人，有 6 人未参加考试，参考率 88.89%；B12 应考 43 人，实考 37 人，有 6 人未参加考试，参考率 86.05%。

三是学籍人数和参加考试人数相同的学校有 B4 学生 3 人，B8 学生 31 人，B10 学生 37 人，都是小规模学校。

以上数据说明一些学校在抓好教学质量的同时，没有做好控辍保学工作，或不让学困生参加考试，以实现提高平均分这一目的，或学生转到其他学校。总之，教育主管部门要做实各学校转学手续，做好县域内控辍保学工作，最主要的是要清楚全县未参加考试的毕业生到哪里去了。

（二）考试完成率

中考完成率指的是高中录取分数线以上全县被录取的学生总人数与全县参加中考的学生人数的比。每所学校按照这个比率确定自己学校应该完成的升学指标数。

百人以上 16 所学校共有 684 人，占到全县的 89.76%；百人以下 16 所学校共有 78 人，占到全县的 10.24%。以上数据说明，优秀学生大部分集中在规模较大的学校，某些乡镇优秀学生转入城区学校读书在一定程度上造成了全县优质生源分布不均衡的现象。

（三）平均分浮动率

平均分浮动率是一项纵向检测成绩的指标，主要分析一所学校在原有基础上是否有提高。将样本中各学校当年 4 月份第二次模拟考试的成绩和中考的成绩的平均分进行对比，我们发现浮动率整体提升了 37.5 个百分点。不计试题难度系数，全县教师在 2 个月的努力工作下，学生考试成绩有了大幅度的提高，这是值得肯定的。

在百人以上学生学校中，平均分浮动率最大的是 A16，二模平均分 242.99 分，中考平均分 392.37 分，提升了 149.38 分，平均分浮动率是 161.48%，提升了 61.48 个百分点；平均分浮动率最小的是 A5，二模平均分 410.70 分，中考平均分 540.87 分，提升了 130.17 分，平均分浮动率是 131.69%，提升了 31.69 个百分点。

在百人以下学生学校中，平均分浮动率最大的是 B16，二模平均分 260.56 分，中考平均分 422.79 分，提升了 162.23 分，平均分浮动率是 162.26%，提升了 62.26 个百分点；平均分浮动率最小的是 B15，二模平均分 338.1 分，中考平均分 465.79 分，提升了 127.69 分，平均分浮动率是 137.77%，提升了 37.77 个百分点。

以上数据说明，即使学校平均分成绩排在倒数，只要教师努力付出了，教育教学质量就能提升，教学成绩也会提高。教育主管部门要让薄弱学校看到希望，回报和努力是成正比的。如果两次考试难易程度一样，可能一些学校的平均分浮动会成为负数。

（四）及格率

及格率是各学科合格率的具体体现。县域内参加考试达到或超出 480 分的学生人数，占比 62.21%。对学校而言及格率要看整体 480 分以上的学生数，对教师而言及格率分析要看学科及格学生人数。

一是百人以上学生学校 A（16 所）。及格率第一的学校是 A1，在 114 名考生中，及格 84 名，及格率 73.68%；及格率第二的学校是 A2，在 880 名考生中，及格 635 名，及格率 72.16%；及格率第三的学校是 A3，在 148 名考生中，及格 106 名，及格率 71.62%；及格率倒数第三的学校是 A14，在 174 名考生中，及格 88 名，及格率 50.57%；及格率倒数第二的学校是 A15，在 198 名考生中，及格 99 名，及格率 50%；及格率倒数第一的学校是 A16，在 177 名考生中，及格 13 名，及格率 7.34%。

二是百人以下学生学校 B（16 所）。及格率第一的学校是 B1，在 30 名考生中，及格 25 名，及格率 83.33%；及格率第二的学校是 B2，在 61 名考生中，及格 46 名，及格率 75.41%；及格率第三的学校是 B5，在 48 名考生中，及格 33 名，及格率 68.75%；及格率倒数第三的学校是 B13，在 92 名考生中，及格 41 名，及格率 44.57%；及格率倒数第二的学校是 B12，在 37 名考生中，及格 16 名，及格率 43.24%；及格率倒数第一的学校是 B16，在 17 名考生中，及格 4 名，及格率 23.53%。

以上数据说明，某些学校教育教学过程性管理存在问题。百人以上学生学校及格率最高和最低相差 66.34 个百分点；百人以下学生学校及格率最高和最低相差 59.8 个百分点。学校要加强教育教学管理、教师队伍管理，交流和借鉴先进经验，让优质资源起到作用，让更多的学生达到及格分数。

（五）学困生率

分析考试成绩的一项重要指标就是县域内中考成绩倒数 10% 的学生分布情况。

一是中考各科成绩较差学生。语文学科成绩在 20 分以下的学生 9 名；数学学科成绩在 10 分以下的学生 25 名；英语学科成绩在 20 分以下的学生 13 名；理综学科成绩在 20 分以下的学生 5 名；文综学科成绩在 20 分以下的学生 4 名。

二是百人以上学生学校（A）共有学困生 356 名，占全县考试人数的 8.14%。其中，A1 有 9 人，占比 7.89%；A2 有 53 人，占比 6.02%；A3 有 10 人，占比 6.76%；A4 有 29 人，占比 9.63%；A5 有 15 人，占比 14.02%；A6 有 5 人，占比 5.00%；A7 有 6 人，占比 4.96%；A8 有 5 人，占比 3.23%；A9 有 13 人，占比 12.50%；A10 有 6 人，占比 3.90%；A11 有 21 人，占比 8.20%；A12 有 47 人，占比 8.48%；A13 有 24 人，占比 10.76%；A14 有 24 人，占比 13.79%；A15 有 32 人，占比 16.16%；A16 有 57 人，占比 48.72%。

百人以上学生学校中学困生比率超过 10% 的共 6 所：A5、A9、A13、A14、A15、A16。

三是百人以下学生学校（B）共有学困生 81 名，占全县考试人数的 1.85%。其中，B1 有 2 人，占比 6.67%；B2 有 4 人，占比 6.56%；B3 有 1 人，占比 2.63%；B4 有 0 人，占比 0；B5 有 4 人，占比 8.33%；B6 有 2 人，占比 4.26%；B7 有 4 人，占比 10.81%；B8 有 5 人，占比 16.13%；B9 有 2 人，占比 5.41%；B10 有 8 人，占比 21.62%；B11 有 11 人，占比 17.74%；B12 有 7 人，占比 18.92%；B13 有 14 人，占比 15.22%；B14 有 4 人，占比 5.80%；B15 有 3 人，占比 15.00%；B16 有 10 人，占比 58.82%。

百人以下学生学校中学困生比率超过 10% 的共 7 所：B7、B8、B10、B11、B12、B13、B16。

以上数据说明，学困生比较突出的学校是 B16、A16，这两所学校的学困生达到或超过了在校学生的 50%，以上 13 所学校严重制约县域内考试总平均分的提升。

三、用好权重评分，改进教育评价

（一）落实教育评价政策

教育评价是衡量和激励学校发展和教师成长的重要指标，是确定学校发展和教师成长目标的重要依据。有什么样的评价方案，就有什么样的学校发展规划和教师成长目标。教育行政部门制定的评价制度要公平、公正、公开，能让教师认可，能够科学有效地执行下去。校长要熟读和理解评价细则，制订学校三年或五年的发展规划，教师则要按照评价细则制订自己的教育教学目标，确定自己的发展方向。教学成绩评价是普通学校的教育评价工作的主要组成部分。

（二）建立浮动评价模式

教学成绩浮动评价模式注重的是学校自身的教育教学能力提升，教学成绩以全县统一组织的两次考试成绩为准。这个评价主要关注的是全科或学科成绩的进步程度，以科学的评价体系激励教师努力完成教育教学任务，让教师更好地提升学科教学质量。

一要做实评价学校的稳定性。考核评价方案经常变化，难以让教师精准把握提高教育教学质量的方向。有了学校的评价方案，教师才能确定自己的努力方向；有了教育主管部门的评价方案，学校才能制定提高教育质量的评价细则。因此，评价制度要保持相对稳定。

二要把握评价过程中的各项分数权重。什么叫作权重？权重就是各项评价项目考核分数之和除以 100 要等于 1，绝对不能大于 1。

学校评价教学成绩的因素包括参考率（20 分）、完成率（30 分）、优秀率（5 分）、平均分浮动率（40 分）、及格率（5 分）、学困生率（2 分）。

成绩权重是某项成绩在总成绩中所占的比重。例如，总成绩的分数为 S，而影响总成绩的分数有参考率成绩 A，完成率成绩 B，优秀率成绩 C，平均分浮动率成绩 D，及格率成绩 E，权重分别为 20%，30%，5%，40% 和 5%，那么总成绩 $S=A20\%+B30\%+C5\%+D40\%+E5\%$。

三要把规模大和规模小的学校成绩分开评价。将学生人数较多的学校和较少的学校放在一起评价是不合理的。

例如，B4 学校 3 名学生考上高中，就排名第一，这所学校学生的成绩不能代表全县学校教育的质量，因此不能把它和大规模学校放在一起评价。

总之，教育评价通过分数权重给学校一个明确的发展方向，平均分虽然能体现学校的教学水平，但并没有考虑成绩提升较大的学校付出的努力，不利于提高和激励教师的积极性。随着新课程改革的推进，教育管理评价要把教育评价的针对性、操作性和有效性落到实处。教育主管部门评价学校的机制同样适合学校对教师的教学工作的考核评价，在教学常规管理上，要树立全过程教学质量观，对教师教学过程的每一环节、每一阶段的质量管理要落到实处，既要重视考试的结果评价，又要重视教师在教育教学全过程的记录、分析、研判、反思和改进，以调动教师的工作积极性，促进教师的自我构建、自我反思和自我发展。总之，学校要通过教育评价提高教师之间互学、互助、共同发展的意识，充分发挥评价机制的作用，激发学校教师的工作积极性，在教育评价中把握权重做评价，分析成绩谋发展。

第二编　学校管理文化

第七章　校长文化

校长的境界在一定程度上影响着学校的竞争力，决定着学校的文化品位和文化气质。

教师在教育教学实践中永不停息地加强理论研究、呈现高效课堂、参加培训学习、参与教研教改、记录工作细节、提高思考水平、培养演讲能力、走进教育管理，将会形成自己的教育管理文化、办学理念文化和制度管理文化，最终成为学校高质量教育管理人才。这就是校长文化。

一所学校的核心因素是校长的引领。作为教育管理者，校长一定要有"校长引领"的能力，能够在实践中反思，产生一种教育智慧，悟出一些教育真谛，形成一种思想，找到一种文化。

校长要具备核心领导能力和专业技能两个专业素养，不断提升"眼界与价值、知识与理解力、人际关系和社交能力"，培养自己"领导教育学、发展自我及他人、引进改革、创新及变革、完善学校管理、参与社区工作"的专业技能。

校长用自己的"敏感的政治素质、高尚的道德素质、成熟的专业素质、良好的身心素质、强大的执行素质"引领学校和谐高质量发展。校长引领学校发展，既要做一名有幽默感、有激情、有大爱之心的教师，又要做一名让教师、家长、学生都喜欢的教育管理者。

校长要身体力行，主动引领和培养教师的教育教学基本功，使得教师具备丰富的教育理论、学科知识、心理学知识，具有学习能力、科研能力、解决问题能力、写作能力、组织教学能力、协作能力、表达能力、沟通能力、班级管理能力等。

校长要深刻理解特殊教育是衡量一个国家与社会的政治、教育、文化、经济、科技、卫生保健、福利等水平的重要标志之一；发展特殊教育是推进教育公平、实现教育现代化的重要内容；特殊教育的目标在于帮助特殊儿童尽最大可能与正常儿童一样参与学校的学习活动，享受国家优质教育资源，适应正常生活。

这就要求校长必须全面掌握特殊学生发展的生活和学习需求，进一步提升办学理念，增强自身在课程建设、校园文化、学生管理、教师发展、家校沟通等方面的引领与指导能力。

第一节　创新理念，校长才能明确学校的办学方向

校长要锻造自己的办学理念，宣传自己的办学主张，提升教师的教学理念，实践教师的教育思想。

笔者以一位优秀校长的案例让更多的人更加深刻地理解办学理念。这位优秀的校长就是南京市中华中学毕泳慈校长。中华中学坐落在南京，是一所有魅力的学校。100年来，历届校长都能在传承学校文化的基础上，不断地创新自己的发展理念。学校始终秉承严谨的办学态度，坚持育人为本，凭借先进的理念、雄厚的师资，走在了南京教育的前列。

毕泳慈提出的"四自教育"（自我教育、自行管理、自主学习、自信成长）的德育创新理念，重塑了学生独立的精神家园。

多年的教育经验给了毕泳慈在中华中学完成自己教育理想的条件。在这里，他完成了理想的第一步，将中华中学成功转型为一所寄宿制高中。学生离开父母，住到了学校。学校的住宿条件是优越的，即五人一间，独立的卫生间，空调，独立的书桌，生活老师彻夜陪伴，校医、司机随时待命。目前，学校有近70%的学生选择了住校。毕泳慈要用自己的理念重塑学生独立的精神家园。

凭着丰富的教育积累以及深入调查，在与大量的师生、家长交流之后，毕泳慈提出了"四自教育"的德育创新之路："自我教育"即学生以自己已经形成的思想品德为基础，提出一定的奋斗目标，监督自己去实现这些目标，并评价自己实践结果的过程；"自行管理"就是由自己做决定，控制自我的行为，实现个人的目标；"自主学习"就是学生是学习的主体，通过独立的分析、探索、实践、质疑、创造等来实现学习目标；"自信成长"即学生充满信心地去实现自己的愿望和理想。它以学生的自我教育为起点，以学生的自行管理、自主学习为手段，以全体学生自信成长为目标。

在"四自教育"理念指引下，毕泳慈带领中华中学通过"晨跑、课间

操自主管理""诚信考场""晚自习自主管理""零手机班级管理"等多种形式，结合不同年级学生的成长规律和心理特点，与学校的制度教育形成内外合力，适时对学生的品德及行为习惯进行督查、纠错，形成了行之有效的管理方式，走上了德育创新之路。所有了解这位毕校长的人都知道一句话——"创新理念，校长才能明确学校的办学方向"。

第二节　坚持学习，校长才能具备能力素养和教育智慧

校长要明白一个道理：当校长的过程，就是不断学习知识和更新知识的过程，就是不断将学到的知识运用于实践的过程。

一位好校长要有高尚的教育情怀、高远的教育思想、高妙的思维方式、高深的知识修养、高超的实践智慧、高标的个性品质、高雅的人格魅力。校长要达到这一标准必须坚持学习。一位校长的思想特别是教育思想是其成为一位优秀校长最先要解决的问题。这就要求其必须坚持学习，在学中思、思中学，使学与思有效地融合在一起。

联合国教科文组织出版的《学会生存》一书中有这样一句话："未来的文盲不再是不识字的人，而是没有学会怎样学习的人。"坚持学习就有了学习力，这样才能长期坚持下去。校长应该是学校站得高、跑得快的人，如此才能高瞻远瞩，运筹帷幄；坚持学习，方能冲锋在前，引领示范。校长的坚持学习能力的价值不仅在于个人的提升和完善，更在于身体力行的示范，引领教师学习，提升整个学校的学习力，促进学校健康发展。

校长坚持学习能够提升自己的决策力和执行力，这样才能具备强大的领导力。学习是动力，坚持是能力，决策是谋略，执行是关键，校长只有落实好决策力和执行力，做到知行合一，才能立于不败之地。

校长的学习还要有过程性和连续性，把经历的事情、工作的纪实、成功的经验、失败的教训，以及培训与提高、总结与升华、自我反省和交流的成果内化为自己的能力素养和教育智慧。

笔者参与学校管理工作以来，长期坚持在教育教学一线，参与学校管理工作，坚持学习，撰写了以下教学论文、教育文集和工作纪实。

撰写论文：

《浅析课堂教学中的合作学习》（2009年2月19日发表于《甘肃日报》）。

《义务教育阶段的英语课堂教学反思》[发表于《中学课程辅导（教学研

究）》2012 年第 13 期]。

《浅析对初中英语"高效课堂"的认识》[发表于《试题与研究（教学论坛）》2015 年第 14 期]。

《浅谈如何在初中英语教学五个"基本环节"中提出问题》[发表于《中学课程辅导（教学研究）》2015 年第 27 期]。

《从"同课异构"课中寻找英语教师专业发展的基点》（发表于《靖远教育》2016 年第 3 期）。

《教师工作量认定办法探索：签单式认定、课时化管理——靖远县第七中学教师工作量认定办法》（发表于《靖远教育》2017 年第 5 期）。

《落实教师考勤制度　规范学校管理体系——浅析靖远七中教师出勤、请假制度》（发表于《靖远教育》2017 年第 6 期）。

《积淀特教文化内涵，推进培智课程改革——观摩四所特殊教育学校工作纪实》（发表于《靖远教育》2019 年第 2 期）。

《靖远县特殊教育学校管理"三大要素"》（发表于《靖远教育》2019 年第 3 期）。

《初中英语教学情境创设的理论研究》（发表于《科学导报》2020 年第 7 期）。

《融合教育，有爱才美，因爱而精彩——参加"辽宁师大特殊教育专业研修校长培训班"学习纪实与心得》（发表于《靖远教育》2020 年第 1 期）。

撰写文集：

《我的百篇文集》，共 138 篇，329 页，28 万余字。

《学校管理文集》，共 110 篇，256 页，24 万余字。

《教育教学论文集》，共 68 篇，205 页，24 万余字。

《放歌靖远——人文荟萃》，共 108 篇，235 页，27 万余字。

《我的教育文集（1）》，共 132 篇，286 页，32 万余字。

《我的教育文集（2）》，共 74 篇，238 页，22 万余字。

《我的教育文集（3）》，共 35 篇，176 页，17 万余字。

《做学校管理真心人、引领人》，共 28 篇，168 页，19 万余字。

《校长的特殊教育情怀》，共 34 篇，125 页，11 万余字。

《红色靖远》校本教材，共 4 章 15 课 65 小节，122 页，10 万余字。

《我的微信世界（1）》，共 149 篇，296 页，26 万余字。

《我的微信世界（2）》，共 90 篇，254 页，19 万余字。

《我的微信世界（3）》，共 79 篇，224 页，18 万余字。

《耕耘之路》，共 59 节，206 页，23 万余字。

第三节　勤于思考，校长才能确保学校走向成功之路

校长要思考自己的办学理念、办学目标、工作思路和工作方法，更为重要的是思考学校的发展。校长一定要明白，成功源于做出决定的一刹那。笔者曾在思考如何办好特殊教育的时候，专注思考教学楼门厅的对联："师教从心始 爱助苔花向阳开融合启智，生特有志坚 梦随彩蝶逆风舞回归生活。"其内涵就是特殊教育学校发展的价值取向。

校长要勤于思考学生的问题。校长是学校学生管理的引领者和学生成长的带动者，其用自己的思路指引和管理着学生的健康成长。校长要抽出时间到校园内走走、看看，一旦发现问题，就要深入思考问题的根源。比如，校长发现校园的花草被踩踏了，如果只是一味地要求教师给学生上道德与法治课和班会课，那么是解决不了问题的。校长一定要做到专注思考以下问题：校园里的花草为什么会被踩踏？是学生的素养问题，是花园位置设计的问题，还是学生比较拥挤造成的呢？

校长要勤于思考教师的问题。教师的业务能力、工作热情、团结协作等是决定一所学校教育教学水平和办学成绩的关键，也是一所学校是否能健康生存的关键所在。校长要勤于思考如何提高教师的业务水平，如何调动教师的积极性，如何让教师间形成既有竞争又有协作的教研气氛，而不是整日"闭门造车"。要知道，学校管理的核心内容是对教师进行"公平、公正、公开、公示"的管理评价，让教师在管理评价中找到自己的价值所在，确定自己的成长和发展目标。因此，校长要勤于思考，制定科学的教师管理评价体系，如此才能调动教师的工作积极性，圆满完成学校包括教育教学在内的各项工作。

校长要勤于思考团队的问题。校长要协调好学校领导团队成员之间的各种关系：在工作上，做到分工明确，赏罚分明；在个人交往关系上，做同事之间的桥梁。这有助于领导班子形成一种相互关心、相互照顾、相互监督、相互促进的工作、生活氛围，培养团队精神。

校长要勤于思考发展的问题。一个优秀校长能更好、更全面地发展学校。作为学校的灵魂，校长要具有宽广的知识面、博学的才能、优秀的演讲口才和较高的理论素养；要勤于思考，善于总结、创新、提升，挖掘教师的

潜力，科学规划学校的发展目标；引领学校、教师有目标、有计划地提升学校的整体办学质量，确保学校走向成功之路。

第四节 提高素养，校长才能保证办好一所学校

提高素养就要忠诚于教育事业。校长在工作中要率先垂范，身体力行地做好教师的表率，不随意离开学校去做一些与学校教育教学、发展学校、提升办学能力无关的事情；不强硬坚持自己的错误观点，及时听取教师的意见和建议。

提高素养就要记好每天的工作细节，做到反复研究、认真反思，力求每天都有进步和提高。笔者在校长的岗位上一直坚持的一项工作是"工作纪实"，即把每一天的具体工作记录下来做成台账，在记录时不断反思，在查阅时认真改进。

著名教育家陶行知说："做一个学校校长谈何容易！说得小些，他关系千百人的学业前途；说得大些，他关系国家与学术之兴衰。"[①] 校长的责任重大，要不断地研究学校管理的先进经验，坚守学校管理一线、教学一线，和教师一起撑起学校发展的蓝天。

第五节 善于沟通，校长才能营造和谐的教育环境

对于校长而言，交流沟通的能力是衡量其领导力的重要指标。在学校管理中，无论是办学目标的实现、学校文化的打造、部门工作的协调，还是学校管理的水平、办学能力的提升，都离不开校长的善于沟通与交流。

善于沟通的内容和方式十分丰富，如"国旗下讲话""评价教师""召开各种会议""汇报工作""与教师座谈""走访学生家庭""组织各种活动""总结讲话""撰写工作笔记""发表论文""撰写教学随笔""教师说课、评课"等。这就要求校长要为教师提供沟通交流的机会。

结合多年的教育教学工作的经验，笔者认为校长和教师交流沟通的过程就是提高自己管理能力的过程。通过一次次的交流，校长可以对教师的特

---

① 方明.陶行知全集[M].成都：四川教育出版社，2005：50.

点有较为深刻的了解，逐步形成"每个教师都重要，每个教师都能发展，每个教师都能成就自己的教育人生"的管理理念。另外，校长还要给教师创造相互交流的机会，专门打造一间休息室，以便更好地满足教师之间的日常交流；与社会爱心人士沟通交流，把社会力量引进学校，支持学校的办学环境建设，提升学校办学能力。

第六节　经营学校，校长才能保证学校的健康发展

校长经营学校要知人善任，以合理的用人机制，让每一位教师都有热情，积极发挥特长。

经营学校不是一件容易的事情。校长要时刻体现出"高尚的道德品质、宽容的民主作风、完善的人格魅力"等基本素养。校长要常问自己以下问题：在教师面前，注重校长的仪表和言谈举止了吗？在失误面前，敢于担责，率先垂范，为人楷模了吗？在学校工作时，了解教师的需要了吗？有冷静面对学校工作的各种问题和善于随机应变的能力吗？有乐观向上、善于倾听教师心声的良好习惯吗？如果答案是否定的，那么这位校长就不会经营学校。

优秀的校长能找到调动教师积极性的最佳突破口，能倾听教师意见，维护教师权利，不断增进理解，加深感情，为困难教师解决实际问题。比如，校长可以充分利用激励资源和评价机制，以精细化管理实现教师竞争的全程性和公平性，使得学校管理充满活力，从而保证学校健康发展。

优秀校长的标准是具备敏感的政治素质、高尚的道德素质、成熟的专业素质、良好的身心素质、强大的执行素质。校长的专业素养分为核心领导能力和专业技能两个部分。核心领导能力主要包括眼界与价值、知识与理解力、人际关系和社交能力；专业技能主要包括领导教育学、发展自我及他人、引进改革、创新及变革、完善学校管理、参与社区工作。

校长要引领学校发展，必须做一名有幽默感、有激情、有大爱之心的人。校长要公平对待学校的每一件事情，做让教师、家长、学生喜欢的教育工作者。

校长要身体力行，主动引领和培养教师的教育教学基本功。在基本素质方面，校长要引领和培养教师的职业道德（师德、奉献）、人文素养（知识丰富，博览群书）；在基本知识方面，校长要引领教师掌握教育理论、学

科知识、心理学知识；在基本能力方面，校长要引领和培养教师掌握学习能力、科研能力、解决问题能力、写作能力、组织教学能力、协作能力、表达能力、沟通能力、班级管理能力；在基本技能方面，校长要引领教师掌握写教案的方法、讲课技巧、教学方法、思想教育方法，讲一口标准普通话，写一手好字。

　　在特殊教育方面，校长要做好特殊教育学校发展的引领，坚持以人为本理念，弘扬人道主义精神。从现实来看，特殊教育的目标在于帮助特殊儿童正常参与学校的学习活动，使其最大化地适应正常生活。

第八章　理念文化

学校文化的核心是切合实际的办学理念和教职工共同的价值取向，从小事做起，建设学校文化起点，不断创新，积淀和挖掘学校文化。校长参与学校管理本身就是一种文化，是一种责任、一种使命。对于校长而言，重要的是其对学校的教育思想的领导，而不在于事务性问题的解决。优秀的校长必须是一个优秀的思想者。

校长不仅要有明确的办学理念，善于谋划学校与学生的长远发展，还要善于将自己的办学理念通过行政领导、相互沟通转化为教师普遍认同的办学理念和办学目标，从而激发师生的积极性与责任感。

第一节　校长要注重学校特色文化的打造

校长的职责就是发展学校，办人民满意的教育。校长一定要懂得以文化建设铸就特色学校，积极思考构建什么样的文化与特色以及如何构建特色文化。

学校文化建设对于教育内涵发展和学校质量提升是非常重要的，其是学校应对时代变革和质量提升的根本举措。学校的理念文化是否鲜明，文化生命力是否旺盛，是否能推动学校持续发展，这些直接决定了学校教育质量的优劣。

学校特色文化主要指独特的办学思想、特色的教师团队、校本化的课程体系、个性化的学校文化。任何一所学校，都要继承原有学校文化的优良传统，吸收其精华，并随着时代的发展而不断整合提升。

总体来看，特色文化要体现思想观念、价值规范上的特色；要体现制度、模式、结构等行为方式上的特色；要体现校园建设、校园环境的具体特征。这就要求校长要以文化建设铸就品牌学校，培养出有较高文化素养和特色品质的人。

学校是否具有办学特色要考虑四个方面的内容：一是校长是否有独特的办学理念；二是学校是否有独特的校园文化；三是学校是否有体现办学特色的"校本课程"；四是学校是否有特色教师和特长学生。校长要牢记：学校特色文化建设如果不能体现在课程与教学中，就依然是一种外在的、表层的、形式的、抽象的理念。

第二节　校长理念文化案例

【案例1】一所普通教育学校的理念文化

教化之本，自学校始；学校之兴，自文化始。学校文化乃一校之灵魂，精神之所宗，气质之所在。学校文化以其博大的精神内蕴、独具一格的魅力吸引并感染着师生，于潜移默化中规范着师生言行，塑造着师生的气质。

学校应紧抓学校文化建设，营造和谐的校园氛围，逐渐打造自己的品牌特色，通过德智教育以德化人，孕育真善美，润泽你我他，让智慧之花绽放，让美德薪火相传。同时，学校应不断探索新机制，确立新思想，追求新境界，开创新局面，使人人具备创新精神，充分发挥创造才能。

学校文化无形，却疏而不漏；无言，却掷地有声。它是信念，时时处处牵引师生思想；它是号角，铿锵有力激荡师生精神。学校应以德育文化统领学校发展，以追求卓越、拓新致远的精神不懈进取，铸就精致教育品牌，谱写教育的新篇章！

第一部分　基本理念

【核心理念】立于德，成于新。

《周易》有言："地势坤，君子以厚德载物。"这句话富有以深厚的德泽育人利物的深刻内涵，将其提炼为学校的核心理念，旨在表明师生要将品德修养作为立身处世的根本和全面发展的根基。学校应注重德育工作者队伍的建设，加强学生的行为规范养成教育和健康人格塑造，振道德之高风，奉天下之公理，行天下之正道，通过思想德育活动来建设高品位的学校文化，让美德成为智慧生长的沃土、文脉流长的源泉，让师生立于天地之间，绘就人生画卷。

《礼记·大学》有言："苟日新，日日新，又日新。"意为如果能每天除旧更新，就要天天除旧更新，不间断地更新又更新。创新是学校持续发展的不竭动力。这就要求学校的教育管理者不断创新思想、更新观念，适应素质教育的新要求；要求师生在品德修养中以求新意识涤荡心灵，发掘人性中的真善美，不断展现新的美德，从而绽放品德之美；要求师生不断探索，追求新知，在实践中步步为先，不断推动学校的发展。

【学校愿景】竞一流，创德育品牌名校；致卓越，树优质教育典范。

一流名校是学校矢志不渝的追求，这源自学校教育的神圣感和使命感，源自学校对自身教育教学水平的信心和对未来发展战略的全局掌控。学校以"礼仪德育文化"为品牌灵魂，以美德和创新铸就精神风骨，形成独特的文化亮点，可以有效提高知名度，赢得美誉度，铸就文化品牌。

教育品质是学校发展的生命线，是立校之本。学校遵循教育规律，重视培养和提高学生综合素养；重视教师团队的培养，倡导教育科研，打造名师队伍；以现代化的教育教学设施为教育教学质量的提高提供强有力的保障，真正做到以品质为生命，以品质求生存，以品质谋发展。

【学校精神】和融共进，拓新致远。

《广雅》有言："和，谐也。""融"有"融合、融汇"之意。学校致力以包容的心胸、开放的姿态，构建和谐融洽的教育环境，让师生在其乐融融的和谐氛围中，以同心协力的合作精神凝聚前进的力量。和融共进体现了学校全员凝心聚力求发展、众志成城求卓越的大气象、大境界、大智慧。

拓新即开拓创新。致远即达到高远的人生目标。创新是时代的精义，也是学校发展的原动力。只有不断创新，学校才能立足差异，彰显特色，实现自身优势发展，最终在激烈的教育竞争中抢占先机，发展教师，成就学生；只有志存高远，不断求新求变，学校才能达到较高的办学目标。

【校训】德润于心，智践于行。

"德润于心"体现了加强道德修养的重要性。学校应重视对师生道德的培养和追求，鼓励师生广读诗书，修多元才艺，积淀深厚的文化素养。学校还要将立德树人作为育人宗旨，要求教师将德育活动融入学生日常的生活和学习中，提高学生的人文涵养和道德修为。

"智践于行"体现了学校重视师生能力的培养。学校应从美德教育和智慧教育入手，培育学生体能、技能、智能、心理和习惯等多方面的素养；开展丰富的课程活动，让师生体验求知的乐趣，于行动中习得求知智慧，修习为人处世之道，塑造高尚品格，从而建立强者之魂。

【校风】心拥美善，行尚雅趣。

学校要弘扬"德育"的核心文化，要求师生习美善之文，修美善之品；言语美善，文明有礼；举止美善，高雅端庄；仪表美善，落落大方；有善行，勿以恶小而为之，勿以善小而不为，让美善相伴同行，内化为师生的精神气质。

北宋哲学家张载在《经学理窟·义理》中说："人若志趣不远，心不在焉，虽学无成。"习惯养成是德育建设的重要部分。志趣求高雅，重在养成。学校要尊重传统文化，教导学生学习礼仪规范，于潜移默化中培养学生志向，涵养学生高雅情趣，使之成为雅趣贤能之人。

【教风】润之以爱，教之以方。

爱是教育的源头活水。教师应当胸怀博大宽广之爱，心有爱满天下的为师情怀，尊重和理解每一个学生，关注特殊学生的思想、学习和生活状态，包容学生的缺点，动之以情，晓之以理，引导学生健康成长，用充满阳光的魅力感染学生，让学生自觉传递爱的力量，让教育绽放永恒的光彩。

学校倡导的德育文化和创新精神要求教师积极改革教育手段，以适应时代发展。教师要从学生的实际情况出发，尊重学生的个性差异，因材施教，使其感受学习的乐趣，成为学习的主人。

【学风】知行兼善，学思相融。

知行兼善中的"知"即思想追求，"行"即实践体验。知行兼善要求理论联系实际，在生活实践中检验所学，巩固所学，向善而行。在道德修养和学习知识的过程中，知识积累有助于深化学生对人生的认知和理解，而行动可以使学生的能力得到锻炼与提高。

孔子在《论语》中说："学而不思则罔，思而不学则殆。"学与思只有相融，才能生发趣味，才能达到学习之佳境。学思相融，有利于活跃学生思维，使之将学和思有效结合起来，勤于思考，不断反思，善于创新，在接受知识的同时，开拓想象力，提高学习能动性。

第二部分　办学理念

【办学策略】文化浸润，择善而行；创新引领，与时偕行。

学校应以文化立本，以文化治学，以文化修身，显管理之道、智慧之美、道德之善，将日常工作、建设与改革打上文化烙印，彰显文化内涵，提升品位、知名度和美誉度。

创新是民族发展的灵魂。对于学校而言，创新精神同样是学校永葆活力的前提。创新的管理方式、教学方法和学习方法是学校持续发展的保证。因此，学校要不断调整理念，制订方案，引导教师创新教学思维，引导学生创新学习方式，以便更好地适应新时代教育的发展要求。

【培养目标】博文约礼的阳光少年，仁智双馨的谦谦君子。

"博文约礼"出自《论语·雍也》中的"君子博学于文，约之以礼"一句，意为广求学问、恪守礼法。学校希望学生广泛涉猎各方面知识；知书达礼，遵守社会公德；人格的养成和知识的学习相结合，获得全面发展。

"仁智双馨的谦谦君子"中的"仁"指人与人之间相互关爱，"智"则指一个人的学识与心智。仁智双馨体现了学校对于培养学生成人、成才的高度重视，通过德育和智育建设，让学生融会校园文化之中的智慧、风骨、胸襟、操守，潜移默化中涵养君子品格。

【案例2】一所特殊教育学校的理念文化

图8-1中居于中心位置的三个图形是"靖"字第一个拼音字母"J"的变形，组成人形，代表培智学校的适龄儿童在绿色校园里成长，最终收获果实。

心形图案是"远"字第一个拼音字母"Y"变形，显示学校区域为"靖远"，同时象征着特殊教育工作者对特殊教育事业及学生的一颗纯净无私的"爱心"。

心形图案包围着智力障碍适龄儿童，象征着特殊教育工作者对特殊学生的拥抱关爱、辛勤浇灌。中间横向图案翻开的书象征着特殊学生拥有平等受教育的权利。

外围的光环象征特殊教育学校师生共在蓝天下，一起成长，共同展望美好未来。环状图案下半部分为学校英文名称，寓意与世界特殊教育理念接轨，上半部分为中文隶书字体，自然庄重，彰显中国文化。

图8-1 校徽

整个图案的文化内涵集中体现了"爱心呵护、耐心浇灌、关爱相伴、点燃梦想、展翅飞翔、融入社会"的特殊教育终极目标。

【办学理念】让每一个生命绽放光彩。

特殊教育学校的教师要做有爱心、耐心、细心、恒心、责任心的教育者，尊重特殊学生，善于用爱心和耐心去容纳特殊学生存在的不足；欣赏这些孩子，善于用细心和恒心去发现他们的闪光点，用赞美激发孩子的自信，消除孩子的自卑感，让每一个生命绽放光彩。

【办学目标】能生存，会生活。

在学校里，教师对待特殊学生群体，要积极探索教育的最终目标，即把生命教育、生存教育、生活教育融为一体的系统教育，让全体特殊学生认识生命、珍爱生命、尊重生命，提高其适应能力、生存能力和生活能力。

【校训】关爱相伴，点燃梦想。

特殊教育学校里的智力障碍儿童有着纯净的心灵，需要在关爱下健康成长。从事特殊教育事业的工作者必须要有一颗炽热的爱心，让关爱时时处处伴着孩子，给他们自信和无穷的力量，让他们插上翅膀，点燃梦想，展翅高飞，融入社会！

【校风】自尊自爱，自强自立。

人只有懂得尊重自己，才能得到别人的尊重。面对校园里的特殊学生，学校把"自尊自爱，自强自立"作为校风，就是要求全体师生面对困难和挫折，调节心理，不悲观，不自弃，用爱心善待自己、鼓励自己，不畏困难，坚强勇敢，健康向上。

【教风】爱心奉献，耐心浇灌。

从事特殊教育的教师能否正视自己工作岗位的特殊性是对其进行考量的第一要素。学校把"爱心奉献，耐心浇灌"作为教风，要求全体教师必须要有奉献精神，走进特殊学生的生活世界，用"爱心"精心呵护，用"耐心"辛勤浇灌，让脆弱的生命绽放绚丽之花。

【学风】好学上进，百折不挠。

"好学上进"是对每一个学生思想素质和行为规范的普遍要求，而对接受特殊教育的孩子来讲，其生理和心理都有一定的特殊性。他们在生活或学习的过程中必然会遇到各种困难和挫折。学校提出"好学上进，百折不挠"的学风，目的就是磨炼学生的意志，培养学生热爱学习、珍爱生命、奋发向上和百折不挠的品质。

【校歌】美好未来从这里开始。

乌兰山下，母亲河畔，红军渡河的地方。太阳从这里升起，花儿在这里怒放。

承载雨露，沐浴阳光，我们和别人一样。我们高歌，我们成长。啊！美好未来从这里开始。啊！美好未来从这里开始，从这里开始，开始。

乌兰山下，母亲河畔，红军渡河的地方。太阳从这里升起，花儿在这里怒放。

琅琅书声，芬芳春夏，心境与他人相同。我们拼搏，我们奋斗。啊！美好未来任我们飞翔。啊！美好未来任我们飞翔，任我们飞翔，飞翔，飞翔。

理念文化是学校的灵魂，贯穿学校教育工作的始终。良好的学校文化氛围有利于莘莘学子不断求学奋进。因此，学校要推崇文化管理的办学思想，汇聚学校师生的才思智慧，总结出特色鲜明的文化主题。

《论语·述而》中有："志于道，据于德，依于仁，游于艺。"这句话要表达的意思是人生的目标在于道，根据在于德，依靠在于仁，而游憩于礼、乐、射、御、书、数六艺之中。道德作为做人的根本与教育的灵魂，要渗透到学校的各项教育教学活动之中，让师生以德为魂，将美德根植于心中，打造亮丽的精神底色。这就是学校的理念文化。

第九章　制度文化

　　制度文化是学校办学经验的体现和结晶，是学校发展的一种方向、一种追求、一种激励。制度文化对规范教育教学秩序，达成办学目标起着保障作用。制度文化以规范为手段，以发展为目标。毫不夸张地说，学校管理离不开制度文化。

　　学校制度的严肃性体现在以下方面：制度的公正与威严没有折扣，没有特区，其实施必须公正严明，人人平等；制度的实施是刚性的、严肃的，必须使学校的工作有章可循，有据可依；制度是制约教师行为的标准，是教师必须遵守的行为准则；制度是用来规范人、约束人的，是人人必须遵守的"红线"。

　　制度的刚性手段与人文关怀的统一形成了学校的制度文化。学校管理制度的实施应该包含刚的处理、柔的关心、爱的补充。人人都是制度的执行者，人人都是制度的监督者和考核者。

　　学校从评价教师入手构建评价管理体系，主要涉及教师考勤、工作量、工作成绩、绩效工资、年终考核、职称晋升、评优选先、津贴发放等方面。这就要求学校必须加强教师队伍管理，做到科学化、规范化、数据化和程序化；充分发挥绩效考核的激励作用，发挥教师内在潜力；开展全方位、综合性评价，做到公正公开、可操作性强，为学校的发展提供有力保障。

　　对教师工作的考核是学校工作的重要内容。学校要坚持严管和厚爱结合、激励和约束并重，完善教师考核评价机制，建立激励机制，旗帜鲜明地为担当教育、踏实做事的教师撑腰鼓劲。学校还要以立德树人为根本任务，加强师德师风建设，努力营造和谐健康的教育氛围。

　　学校评价教师应遵循以下原则：用事实说话，用数据评价，把握权重，集中管理；做到公正、公平、公示、公开；采用数据不重复累加，执行过程不朝令夕改；部门提供数据不虚报，学校严肃执行不作假。

第一节 教师管理评价之出勤请假

——《教师出勤请假管理制度》

为加强教师队伍管理，使教师请假做到规范化、制度化、程序化，现学校依据教育行政部门关于教职工请销假制度实施意见，特制定本制度。该制度的制定有利于保证正常的教学秩序，规范学校管理，更好地服务教育，服务学生，严肃教师请假制度。

一、请假程序

（1）教师临时请假 2 小时以内，自行调整好课程，到主管领导处请假，做好书面记录，领取离校凭证。累计 5 次核计为 1 天事假，作为学期结束考核的依据。

（2）教师请假 3 天（含 3 天）以内，须向主管领导请假，持开出的回执与教务处联系处理相应课程。离校 3 天以上到校长处请假。

（3）教师参加学习培训，持通知书和主管领导回执提前 1 天与教务处联系。学习培训 3 天（含 3 天）以内，须自行调整好课程，并将课程安排情况上报教务处。

（4）教师会议请假或缺席 2 次按请事假半天处理。

（5）一般情况下，教师应先请假经允许方可离校。特殊情况下可委托其他教师请假，但事后应立即按时间长短补办有关手续。

（6）未请假而擅离学校工作岗位或委托他人请假但事后未补办手续的按旷职处理。教师返校后要办理销假手续，否则按继续请假对待。

二、法定假期规定

婚假：学校提倡教师婚礼在节假日举行。如确有特殊情况，需在教学工作日内请假的，须向校长请假，学校将按上级有关文件规定办理。超过规定日期按实际工作日做事假处理。

产假：国家规定的产假期内按国家规定享受基础性绩效工资和奖励性绩效工资。法定假期以外的按实际工作日做事假处理。

哺乳期：哺乳期是个特殊阶段，在不影响教学工作的前提下，向学校写出申请，允许在工作时间内处理小孩的饮食问题，但时间应自觉控制。哺乳照顾期为半年（自小孩出生日计算）。

丧假：3 代以内直系血亲亡故，按上级有关文件规定办理，超出规定以外按事假处理；其他亲属亡故允许请假 1 天，1 天以外按事假处理。请假期间享受绩效工资。

三、请假评价

绩效工资考核。教师请事假或请病假 1 天少享受本项可分配绩效工资的 12%，有重大疾病住院（出示住院证明、住院费用流水单、发票等证明材料）享受本项绩效工资；教师婚假、丧假、产假期间，按照国家规定和《特殊教育学校教师出勤请假制度》相关规定享受本项奖励性绩效工资；教师迟到或到校未签到、早退等每次少享受本项奖励性绩效工资的 2%；学校统一组织各种会议、活动缺岗 1 次少享受本项奖励性绩效工资的 5%；学校组织或安排的大型集会活动、阶段性对学生的述评考评、送教上门等工作期间，教师缺少 1 次少享受本项奖励性绩效工资的 8%。

有下列情形之一者，不享受奖励性绩效工资：本学期累计旷职达 3 个工作日；解除聘用合同者；年终考核结果为合格等次以下者；1 个学期请假 2 个月以上者（产假除外）。长期患重大疾病，医药费个人负担较重的教师，经本人申请，凭用药票据，学校行政会议研究决定，可酌情减扣。

评优选先、年度考核。教师请假（事假、病假）1 天，扣 0.5 分；未签到、迟到、早退等每次扣 0.1 分；学校统一组织各种会议缺岗 1 次扣 0.3 分；查岗时，教师缺席 1 次扣 2 分；学校组织的大型集会活动，期中、期末考试监考阅卷期间，教师请假 1 天，扣 0.8 分。

第二节　教师管理评价之班主任津贴

——《班主任津贴发放办法》

班主任津贴是教师工作绩效体现的重要组成部分，是党和政府对班主任工作重视和对班主任关怀的重要体现。班主任津贴的合理发放将会推动班级工作和学校工作的顺利开展。

为营造"爱心奉献，耐心浇灌"的教育教学氛围，最大限度地调动班主任工作积极性，现根据学校实际情况特制订《班主任津贴发放办法》。

津贴发放要体现"工作绩效、特殊教育特办"的原则；体现"多劳多得、奖优罚劣"的原则；体现"公正公开、公平透明"的原则。津贴标准：学校设置 3 个年级教学班，财政支付班主任津贴每月 400 元，可直接分配津贴总数为 400 乘以班级数，其中学校班主任绩效考核津贴每班 40 元。

班级班主任月财政津贴（定值 400 元）。班主任津贴随学生人数的变化而变化，实行每月核算，按月发放。（以财政拨付 400 元为例）

一、班主任津贴发放公式

发放办法用公式表示：$S=a\left[(90\%MB)/A\right]+10\%Mb$。

其中，S 表示"班主任月津贴"，M 表示"每班财政拨付津贴"，A 表示"年级学生总数"，a 表示班级学生数，B 表示"年级班级数"，b 表示"绩效考核系数"。

绩效考核评分标准。班级常规检查 10 项，基础分共 40 分，采取扣分制；按实际得分计算。再加上竞赛获得奖及突出好人好事的加分后，所得总分为该班当月绩效考核的最后得分，用 N 表示（$0<N<40$），其中 $N1$ 表示（1）班得分，$N2$ 表示（2）班得分……

绩效考核系数：$b=40B/(N1+N2+N3+\cdots)$。

二、班级常规管理满分要求及减分标准

（1）遵守校规（4 分）。满分要求：遵守学生守则和日常行为规范，不吸烟酗酒；不打架斗殴；无盗窃行为；不带手机进课堂。减分标准：顶撞老师、不戴校徽，每人次减 0.5 分；吸烟、酗酒，每人次减 1 分；带手机进课堂并影响教学，每人次减 2 分；打架斗殴、考试舞弊、偷盗，每人次减 4 分（此内容为一票否决）。

（2）升旗（4 分）。满分要求：列队进退场，做到快、静、齐，人数齐，歌声嘹亮，掌声热烈，秩序井然。减分标准：明显未达到要求，酌情减 1～2 分。

（3）出勤（4 分）。满分要求：早读、晚修、上课、课间操、眼保健操、集会等必须准时，有病有事要请假。减分标准：迟到，每人次减 0.2 分；缺席，每人次减 0.5 分。

（4）卫生（4 分）。满分要求：每天打扫教室 2 次；每天打扫本班清洁区域 2 次；认真做好保洁工作。减分标准：未做好保洁工作（包括卫生大扫

除），每次减 0.5 分；未打扫干净，每次减 1 分；未打扫，每次减 2 分。

（5）公物（4 分）。满分要求：爱护公物和他人物品，按规定使用课堂多媒体设施，不使用时要及时关闭；中午、晚修后按时关好灯、门窗。减分标准：损坏公物或他人物品，除需要赔偿外，视物品价值减 0.5 ～ 3 分；违规使用多媒体设施，每人次减 0.5 分；未关电脑、门窗、灯等，每项每次减 0.5 分。

（6）仪容仪表（4 分）。满分要求：男生不蓄长发；男女生不蓄怪发、不染彩色头发；不戴首饰；按要求穿校服。减分标准：不符合要求，每人次减 0.5 分。

（7）课堂纪律（4 分）。满分要求：遵守早读、晚修和课堂纪律，不下座位，不喧哗，不迟到，不旷课。减分标准：迟到，每人次减 0.2 分；缺席，每人次减 0.5 分；上课纪律差，减 0.5 ～ 2 分。

（8）课间操或眼保健操（4 分）。满分要求：列队进退场，人数齐，秩序好，做操质量高。减分标准：迟到，每人次减 0.2 分；无故缺席，每人次减 0.5 分；秩序不好，减 0.5 ～ 1 分。

（9）活动（4 分）。满分要求：积极参加学校组织的各项活动，人数齐，纪律好，效果佳。减分标准：迟到，每人次减 0.2 分；无故缺席，每人次减 0.5 分；秩序不好，减 0.5 ～ 2 分。

（10）午休、夜宿（4 分）。满分要求：按时就寝，做好内务，搞好卫生。减分标准：不按时午休，滞留在教室，在校园内游荡，每人次减 0.5 分。

三、加分项和说明

竞赛加个人分：获校级奖，集体奖励 0.5 分；获县级个人奖，个人奖励 0.2 分；获市级个人奖，个人奖励 0.5 分，集体奖励 0.8 分；获省级个人奖，个人奖励 0.8 分，集体奖励 1 分；获国家级个人奖，个人奖励 1 分，集体奖励 1.5 分。此项在同一竞赛中以最高级别计分，不重复加分。好人好事加分：一般不加分；意义重大、价值高，在社会上引起一定反响的酌情加 0.2 ～ 0.5 分。以上加分不能超过 3 分。

班主任在班级管理中存在工作失误，发生安全事件或存在严重安全隐患，造成严重的社会影响的，扣发班主任当月全额津贴。班主任请事假一天，扣发班主任当月津贴的 1/30，请病假按一半计算扣发（扣发津贴发给临时带班教师）。班主任津贴发放由德育处核实数据、财务室制表，主管领导审核后当月发放。

四、特殊教育学校班主任津贴发放

特殊教育学校设置一个教学班，财政支付班主任津贴每月 400 元，可直接分为基础津贴和绩效津贴。根据学校班级特点，可采用基础津贴（80%、75%、60%）、绩效津贴（20%、25%、40%）的分配方式。

班主任津贴发放办法。公式：班主任月津贴 $S = n$ 基础津贴（75%）$+ m$ 绩效津贴（25%）。

绩效津贴（考核）$= a \{(mc - 8b) / A\} + 8b$。

其中，S 表示"每月班主任津贴"；A 表示"在校生总人数"；a 表示各班在校人数，b 表示"送教或其他人数"，管理费为每生 8 元；c 表示"学校班级数"；m 表示"绩效津贴（25%）"；n 表示"基础津贴（75%）"。

第三节 教师管理评价之教学成绩奖惩
——《教师教学成绩奖惩管理办法》

为了充分调动教师工作的积极性、主动性，增强竞争意识，发扬团队精神，强化班级管理，提高教育教学质量，学校特制订《教师教学成绩奖惩管理办法》。评价的考试成绩为学年度结束的考试成绩，包括期末考试、中考和高考的成绩。

考试成绩奖惩包括完成指标奖罚、优秀学生奖励、中考高考基础奖励、科任教师单科评价成绩奖罚、教研组奖励、班级参考率奖、学校包级包班领导奖等。

一、完成指标奖罚

学校每学年秋季对班级、学科确定应该完成的指标数（中考、高考指标数），指标数据来源于《教师教学成绩评价实施方案》中的指标数。

科任教师完成学校已经确定的指标数（包括中考、高考指标数），奖励各科任教师××（单科考试总分数）元，多完成一个指标再奖励××（单科考试总分 1/2 数）元，少完成一个指标数扣除绩效工资××（单科考试总分 1/3 数）元。

班级完成学校确定的中考、高考指标数，奖励班级 ××（考试各科总分数）元，超额完成指标，每超额 1 人，奖励班级 ××（考试各科总分的 1/10 数）

元；班级没有完成学校确定的中考指标数，一次性扣除班级科任教师绩效工资 ×× （考试各科总分的 1/2 数）元。

科任教师按所教科目在中考、高考总分中所占比例分配奖金或扣除绩效工资。班主任奖金发放或绩效扣除按语数外教师的标准再加一份。

奖惩科目及权重：中考语文 150、数学 150、英语 150、物理 80、化学 70、道德与法治 50、历史 40、地理 30、生物 30、体育 50，一个班总权重 800。奖惩科目及权重随着中考、高考各科分值的变化而确定。艺术、体育学生被靖远县高中或大学每录取 2 人，记为班级 1 个中考或高考上线指标数，艺术、体育学生被高中每录取 1 人，奖励辅导教师或科任教师 ×× （艺术、体育考试分值）元。

二、优秀学生奖励

班级学生的学科考试（中考）成绩在年级前 10 名，每进入 1 人，奖励科任教师 ×× （考试各科总分数）元。

中考学生总分成绩名列全县前 10 名、20 名、50 名、100 名，每人分别奖励班级 ×× （考试各科总分数）元、×× （考试各科总分 3/5 数）元、×× （考试各科总分 1/2 数）元、×× （考试各科总分 1/5 数）元。科任教师按所教科目在中考总分中所占比例分配奖金。班主任奖金按语数外教师的标准再加一份。同一学生不重复计算。

三、中考高考基础奖励

科任教师（包括美术、音乐教师）每人中考 / 高考备考基础奖励 100 元。

四、科任教师单科评价成绩奖罚

为了避免班级学生分班不均衡带来的不合理的评价，依据《教师教学成绩评价实施方案》，科任教师所教班级考试评价成绩每高于年级平均成绩 1 个名次奖励 ×× （考试各科总分数）元、每低于年级平均成绩 1 个名次扣除绩效工资 ×× （考试各科总分 1/2 数）元。

五、教研组奖励

中考、高考学科成绩进入全县前 10 名，奖励各学科组 ×× （学科试卷总分 4 倍数）元，在前 10 名的基础上，每提高 1 个名次，奖金按学科再提高 10%。

六、班级参考率奖

班级中考、高考参考率为 100%，奖励班主任 ××（考试总分 1/10 数）元；班级参考率为 98% 以上，奖励班主任 ××（考试总分 1/15 数）元；班级考参考率为 95% 以上，奖励班主任 ××（考试总分 1/20 数）元。

七、学校包级包班领导奖

按照教师奖金的平均数奖励或扣除绩效工资。

第四节　教师管理评价之普通学校工作量认定

——《普通学校教师工作量认定实施方案》

学校要充分调动教师教书育人的积极性、主动性和创造性，将学校岗位管理与教师工作量确定结合起来。在此过程中，教师工作量实行"签单式认定，课时化管理"方式，以确保教师工作心态的平衡。

学校教职工岗位包括教学人员、管理人员、教辅人员以及各处室、各部门干事等岗位。教学人员是指学校中具有相应教师资格、直接从事教育教学工作的专业技术人员。管理人员是指在学校管理岗位上从事管理工作的人员；教辅人员是指学校中从事教学实验、图书、电教、计算机管理、安全、卫生保健等教学辅助工作的人员；各处室、各部门干事是指学校中负责组织推动教育教学相关事项的人员。

教职工周基本（平均）工作量课时数 = 全校教职工周工作量 ÷ 教职工总人数。

一、教学人员周工作量认定

中学语文、英语、数学的折合系数为 1.4；中学物理、化学的折合系数为 1.2；中学生物、历史、地理、政治的折合系数为 1.1；中学音乐、体育、美术、信息技术、通用技术、社区服务与社会实践课程、研究性学习、地方课程、校本课程的折合系数为 1.0。

小学语文、数学折合系数为 1.2；英语、体育与健康、综合实践活动折合系数为 1.0；科学、音乐、美术、品德与生活（社会）、劳动教育、手工与制作折合系数为 0.8；阅读、信息技术、安全教育、地方课程、学校课程折合系数为 0.6。

周工作量用公式表示：周工作量＝周教学工作节数 × 折合系数 + 浮动工作量 + 其他工作量。

教学工作量：凡进入课程表的课程（包括国家课程、地方课程和校本课程），每节按规定时量（中学 45 分钟 / 节或小学 40 分钟 / 节）授课。教师实际每上 1 节课，计算 1 课时工作量。

浮动工作量是跨头课时与其他补助课时之和。

跨头课时：跨头（含跨年级、跨学科）课时数应适当增计工作量，确定 0.5 个标准课时数。

老年教职工周工作量（仅适用于延迟退休政策出台前）根据教职工年龄和精力状况，按照酌情补助工作量（补助工作量只能增加到基本工作量）的办法，确定教职工周工作量。男 55 ～ 56 周岁、女 50 ～ 51 周岁，每周可给予 2.5 补助课时。男 57 ～ 58 周岁、女 52 ～ 53 周岁，每周可给予 3.5 补助课时。男 59 ～ 60 周岁、女 54 ～ 55 周岁的教职工要求按时上班，由学校安排其他工作，达到基本工作量。

以学生管理为主的自习课折算为 0.2 课时、课外活动为 0.6 课时，晚自习每节为 0.4 课时；各处室、各部门事务性工作按照相应工作量细则执行，签单认定；其他如音乐、体育或美术训练（大型排练）等为 1.0 课时。

二、学校管理人员周工作量认定

学校要依据学校类别、规模和任务，设定学校的领导人数与机构，以保证学校教育教学和管理工作的有效实施。学校管理人员周工作量标准如下：

行政领导工作量＝基本工作量 + 行政调节课时数。实行职级制政策：学校领导享受津贴，除上课课时数外的其他工作量要减半执行；行政领导兼职不累加工作量，按最高一职工作量计入。

党组织正职、校级正职基本工作量为 10 课时，行政调节课时为班级数 ×0.1(最高不超过 5 课时)。校级副职（含党组织副职）基本工作量为 8 课时，行政调节课时为班级数 ×0.1（最高不超过 5 课时）。

中层正（副）职基本工作量为 6 课时（4 课时），行政调节课时为班级数 ×0.1（最高不超过 5 课时）。工会、党务专干、共青团、少先大队等专职负责人基本工作量按照签单工作量细则执行。

教研组正副组长（备课组正副组长）的工作量为 1+ 教研组（备课组）

人数 ×0.1 课时，最高不超过 3 课时（2 课时）；年级组正副组长的工作量为 2+ 年级班级数 ×0.1 课时，最高不超过 3 课时。

三、学校教辅人员周工作量认定

学校安全管理人员、网络管理人员、图书管理人员、实验室管理人员、校医、水电工、财会人员、教务人员、政教人员、体艺器材管理人员、固定财产管理人员等的周工作量由各处室认定，教师到各处、室签单确定工作量。

四、各处室、各部门干事周工作量认定细则

各处室、各部门具体工作量依据《中学各处室工作安排细则》工作清单执行；学校认定各处室工作量，根据不同学校的办学模式而定。

（一）办公室周工作量（20 课时）

1. 办公室主任工作职责（不另计入工作量）

各处室工作计划、总结资料，各处室周活动资料收集；职称晋升、岗位设置，工资档案管理；学校各类荣誉申报、领取，教师职称、评优表格上报与管理；学校安排的其他相关工作。

2. 办公室副主任工作职责（不另计入工作量）

学校档案室建设与管理；各种文件材料的领取和上报、学校通知发放；教师政治学习笔记收发与记录评价；学校安排的其他相关工作。

3. 办公室干事工作职责（教师签单计入工作量）（20 课时）

学校摄影及编辑工作（2 课时）；学校各种文件材料的发放、整理和装订（1 课时）；收集各职能部门的档案资料，参与档案建设（1.5 课时）；学校档案室建设与管理（5 课时）；教育信息化数据填写、上报（1.5 课时）；学校电子屏、多媒体教室管理（2 课时）；学校年报统计上报工作（1.5 课时）；年终考核、绩效工资数据上报（0.5 课时）；参与教师考勤管理（负责早晨教师签到）(2.5 课时）；参与教师考勤管理（负责下午教师签到）(2.5 课时）。

（二）教务处周工作量（65 课时）

1.教务处主任工作职责（不另计入工作量）

制订教务处工作计划，教师课程安排，开展教研活动；教育教学过程性评价；参与教师教学成绩评价；参与考务工作，安排考场、教师监考、阅卷；落实"双减"工作；学校安排的其他相关工作。

2.教务处副主任工作职责（不另计入工作量）

教务处资料收集、档案建设；学生学籍管理，学生休学、转学，学生建档上报；学校安排的其他相关工作。

3.教务处干事工作职责（教师签单计入工作量）（62 课时）

各种考试成绩录入、分析换算，信息收集存档（2 课时）；收集教研活动，集体备课资料，备案存档（3 课时）；检查、登记班级日记，备案存档（1课时）；收集教师上课资料，汇总备案存档（1.5 课时）；教案、作业检查、收集资料，汇总备案存档（1.5 课时）；学校印刷工作、资料收集、参与考务（10 课时）；电子白板管理与维修（3 课时）；社团活动资料收集备案（2课时）；图书室、阅览室管理，学生课本管理（15 课时）；物理实验室管理（3课时）；化学实验室管理（3 课时）；生物实验室管理（3 课时）；微机室管理（2 课时）；学生图书阅读课管理一（5 课时）；学生图书阅读课管理二（5课时）；体育器材室管理（2 课时）；中考、高考备课工作（3 课时）。

（三）德育处周工作量（44 课时）

1.德育处主任工作职责（不另计入工作量）

制订学校德育工作计划，学期、年度工作总结；学校校警、门卫、楼管及其他工勤人员的绩效考核；班主任工作考核数据制表与统计；各处室细节工作衔接与沟通；落实"班主任津贴发放办法"常规管理考核评价资料；学校安排的其他相关工作。

2.德育处副主任工作职责（不另计入工作量）

德育处资料收集、档案建设；《班级考勤册》收发与检查；德育处各种活动、会议记录；"先进班集体"评选方案考核资料的收集、汇总；学校安排的其他相关工作。

3. 德育处干事工作职责（教师签单计入工作量）（44课时）

各种检查资料（计划、总结、讲话稿、安全责任书等）汇总、收集和归档（1课时）；《学校告家长书》《家校联系书》发放、收集、整理（1课时）；《班主任工作手册》《班会课教案》《班级考勤册》检查、记录和评价（1课时）；校园安全隐患排查，学生矛盾协调与违纪处理（2课时）；学生消防安全责任险管理、禁毒工作、消防安全工作（5课时）；学生公寓环境卫生、室内环境美化等内务管理（3课时）；宿舍生活辅导教师（8课时）；心理健康咨询室管理（5课时）；学生心理健康教育辅导（1课时）；学生养成教育背诵内容的宣传和检查，并记录（2课时）；文明习惯养成、培养学生礼仪教育（3课时）；学校卫生保健工作，参与教师、学生体检（2课时）；青少年学生生理健康教育、生活辅导（2课时）；教师、学生疾病保健治疗（5课时）；运动会、体育测试等大型活动的安全保健工作（1课时）；德育处关于师生医疗保健资料档案建设（2课时）。

（四）团委周工作量（10课时）

1. 团委书记工作职责（不另计入工作量）

档案资料收集；团委活动资料收集；学生入团、转团资料收集；上级文件执行与材料上交；资料收集；学校安排的其他相关工作。

2. 团委、学生会工作人员职责（教师签单计入工作量）（10课时）

校园环境卫生管理、学生会管理（3课时）；学校电视台、校园之声广播管理（3课时）；组织每周升旗仪式（2课时）；参与学校校园文化建设（1课时）；参与学校运动会（0.5课时）；参与大型演出活动排练组织（0.5课时）。

（五）总务处周工作量（50课时）

1. 总务处主任工作职责（不另计入工作量）

制订总务处工作计划；校产管理；卫生工具、办公用品、作业本配发；

学校安排的其他相关工作。

2. 总务处副主任工作职责（不另计入工作量）

供暖管理；教育局基建股、教学器材股报表和监管；食品药监局、乌兰镇报表；教育局办公室、基建股、器材室文件落实与资料上报；等等。

3. 总务处干事工作职责（教师签单计入工作量）（50 课时）

劳动工具发放、桌凳管理（1 课时）；教学用品发放（1 课时）；维修水龙头、PPR 水管、水阀（1 课时）；疏通下水管道、厕所水管道（3 课时）；维修照明灯、开关、插座、线路、空开（3 课时）；门、门锁、门链的管理（1 课时）；门窗玻璃维修管理（1 课时）；桌凳维修管理（1.5 课时）；网络线路维修、通信维修（2 课时）；草木浇水、花园草坪除草、施肥、修剪、植树、栽花（4 课时）；早餐、正餐留样记录管理（2 课时）；食堂台账检查（1 课时）；食堂卫生检查（1 课时）；食堂原材料入库、食材摆放检查（2 课时）；食堂消毒检查、记录（1 课时）；食堂防蝇虫清洁检查（1 课时）；学校日常现金支出，出差培训人员票据审核、粘贴支付（1.5 课时）；课本费、作业费、中考报名费收缴与进账；与书店结账（1.5 课时）；班主任津贴发放，临时工工资发放（1 课时）；收发报纸、期刊（4 课时）；支付票据的审核、支付，收入文件的下载打印（1 课时）；收入票据的领取、进账凭证的录入、票据整理、装订（1 课时）；水电费上缴，职工公积金办理，养老保险办理（1.5 课时）；职工工资录入、审核、上报，医疗保险金办理（1 课时）；固定资产入账、系统录入、上报审核（2 课时）；商品采购信息录入、上报（1.5 课时）；上级财务文件处理、落实与数据上报（1 课时）；岗位变动，工资普调的办理（1.5 课时）；年终财务的核算、结账、账本装订，教育局人事股、财务股经费年报（1.5 课时）；总务处档案资料收集、管理（3.5 课时）。

（六）社团、技能工作量（60 课时）

学生健康体质测试（4 课时）；早操、课间操跟班，韵律操（8 课时）；组织学校运动会、大型演出活动（18 课时）；校报、校刊整理、编辑、出版（6 课时）；社团（篮球队）（2 课时）；社团（乒乓球队）（2 课时）；社团（田径队）（2 课时）；社团（足球队）（2 课时）；社团（播音主持）（2 课时）；社团（电子琴）（2 课时）；社团（合唱队）（2 课时）；社团（科技班）（2 课时）；社团（美术班）（2 课时）；社团（书法班）（2 课时）；社团（阅览）（2 课时）；

社团（健美操）（2课时）。

学校实行"签单式认定，课时化管理"的方式，能让每一位教职工更加明确自己一周的工作量，也能让学校所有教师在同一个平台上量出自己工作量的大小。毫不夸张地说，"签单式认定，课时化管理"的方式为全校教职工确定了一个真实、可靠的工作发展目标。

第五节　教师管理评价之特殊教育学校工作量认定
——《特殊教育学校教职工工作量认定实施方案》

为了认真贯彻落实基础教育课程方案，合理配置教育资源，优化教职工队伍结构，提高教育教学质量和办学效益，促进教育事业的健康发展，根据《靖远县幼儿园、中小学教职工工作量标准实施方案》，学校结合实际，特制订《特殊教育学校教职工工作量认定实施方案》。

一、指导思想

规范特殊教育学校教职工工作量标准，要以党的教育方针为指导，以特殊教育基础课程设置与编制标准为依据，坚持客观公正、实事求是的原则，适应特殊教育发展的形势、课程及人事制度改革的需要。

二、认定原则

教职工工作量认定要符合课程与人事编制的匹配原则；符合特殊学生培智教育与适应社会客观需要的适用原则；符合学校培智教育教学的原则、有可操性评价教师的激励性原则。

三、工作量认定

教职工所有工作量实行"签单式认定，课时化管理"。教学人员、管理人员、教辅人员等全部纳入课时量管理。

（一）学校教学人员周工作量认定

教学人员周工作量认定。一般性课程：生活语文、生活数学、生活适应、绘画与手工、唱游与律动、运动与保健、劳动技能。选择性课程：康复训练、信息技术、第二语言、艺术休闲、校本课程、综合实践课程、校长课程等。所有教育教学课程 1 节课均认定为 1 课时。

周工作量用公式表示：周工作量＝周教学工作节数×折合系数＋浮动工作量＋其他工作量。

教学工作量：凡进入课程表的课程（包括国家课程、地方课程和校本课程），每节按规定时量（35 分钟 / 节）授课。

浮动工作量是合班课时与其他补助课时之和。

老年教职工周工作量（仅适用于延迟退休政策出台前）：根据教职工年龄和精力状况，按照酌情补助工作量（补助工作量只能增加到基本工作量，年度考核不积分）的办法，确定教职工周工作量。

例如，男 55 ～ 56 周岁、女 50 ～ 51 周岁，每周可给予 2.5 补助标准课时。男 57 ～ 58 周岁、女 52 ～ 53 周岁，每周可给予 3.5 补助标准课时。男 59 ～ 60 周岁、女 54 ～ 55 周岁的教职工要求按时上班，由学校安排其他工作，达到基本工作量。

（二）学校管理人员周工作量认定

学校的领导人数与内设机构设置要依据学校类别、规模和任务，合理确定各类人员的结构比例，以保证学校教育教学和管理工作的有效实施。学校管理人员周工作量标准根据学校实际工作量需要实行签单式认定。

（三）学校教辅人员周工作量认定

学校教辅人员：安全管理（德育处），网络管理（总务处），图书管理（教务处），卫生保健（总务处），心理健康（德育处），水电管理（总务处），器材管理（保管），食堂管理（总务处），营养餐发放，生活整理（班主任）等工作人员周工作量由相关负责人承担，不再计入教师工作量。

班主任享受津贴，不计入教师工作量。

教职工周基本（平均）工作量课时数＝全校教职工周工作量÷教职工总人数。

附：学校 2021—2022 学年第一学期管理人员工作量认定。

党支部书记周工作量 3.4 课时（按 1.7 课时认定），校长周工作量 8.6 课时（按 4.3 课时认定），教务主任周工作量 9.0 课时（按 4.5 课时认定），德育主任周工作量 8.0 课时（按 4.0 课时认定），总务主任周工作量 4.0 课时，康训主任周工作量 4.0 课时，财务会计周工作量 4.0 课时，党办主任周工作量 2.2 课时，校办主任周工作量 2.0 课时，财务出纳周工作量 1 课时，保管周工作量 1.2 课时。享受职级制津贴的管理人员周工作量减半认定。

实际工作量确定总数为 32.9 课时。每班 1 周总课程 25 课时，5 个班级，补助课程 6.0 课时，全校周工作量总数 163.9 课时，平均周工作量 13.7 课时。

第六节　教师管理评价之教学成绩
——《教师（班级）教学成绩评价工作实施方案》

为了保证学校教育教学工作有序进行，全面提高学科教学质量，科学、明了、具有可操作性地考核评价教师的教学成绩，调动教师的积极性，实现学校各种考试的科学评价，学校结合实际，特制订《教师（班级）教学成绩评价工作实施方案》。

一、普通学校教师（班级）教学成绩评价

《教师（班级）教学成绩评价工作实施方案》评定的教学成绩认定为年终考核教师教学成绩分数，期中考试和期末考试（会考、中考、高考、质检）的教学评价成绩作为教师年终考核教学成绩；未有学科成绩的教师工作成绩由学校各处室定性、考核小组民主测评得出分数，最高 85 分，最低 70 分。

教师（班级）成绩考核评价原则：一是成绩评价突出"以教师发展为中心"的原则；二是成绩评价实行纵向"自己评自己"达到横向评的原则；三是成绩评价实行"不同学科同一平台"的原则；四是成绩评价实现"不同班级同等对待"的原则。

教师（班级）教学成绩考核评价实行"六率代数和"评价机制。教学评价成绩 = 参考率 20%+ 完成率 30%+ 优秀率 5%+ 平均分浮动率 40%+ 及格学生浮动率 5%- 学困生率 2%，总分 100 分。未有学科成绩的教师工作成绩由学校各处室定性、考核小组民主测评得出分数，最高 85 分，最低 70 分。教师（班级）教学成绩折合成 35% 的成绩计入年终考核成绩。

参考率 20% = 参加考试学生人数 ÷ 入学时学生学籍人数 ×20。

完成率 30% = 本次考试成绩前 65% 人数 ÷ 上次已经确定的 65% 评价指

标数 ×30。学校可以根据自己的需要确定百分比人数，如 60%、70% 等，原则上是中考和高考指标数的比例。

优秀学生数浮动率 5% ＝本次考试成绩优秀学生数 ÷ 参加考试学生数 ×5。成绩优秀学生指的是学科卷面（包括班级）总分成绩的 80% 以上的人数。

平均分浮动率 40% ＝本次考试成绩平均分 ÷ 上次考试成绩平均分 ×40。学校要控制平均分浮动率的权重最高分为 40 分。考虑到考试试题的难易程度会造成浮动较高或较低，学校可通过倍增或倍减的数学原理，将不同学科的试题难易程度调节到同一个难易程度，让所有学科都在同一个平台上统一评价。

及格学生数浮动率 5% ＝本次考试及格学生数 ÷ 参加考试学生数 ×5。

学困生率 2% ＝学生考试成绩年级倒数 10% 名次本班人数 ÷ 参加考试学生人数 ×2。

教师（班级）成绩评价说明和要求：①考核评价所需数据为已定指标数或上一次考试相关数据。②考核评价成绩以教育局或学校统一组织的期中、期末考试或中考、会考、高考、质检成绩为依据。③完成率的升学评价指标人数按全年级总人数的百分比确定或学校确定。④班级优秀学生界定为试卷总分值的 80% 以上（含 80%）的学生。每次考试同一学科试卷总分值必须一致，或换算成相等分值。⑤各项评价数值只能等于或小于权重分值。⑥教师任课多个班级的，分班计算，分班评价，综合成绩按平均值核定。⑦鼓励没有文化课考试成绩的教师至少带一门有考试成绩的课程。没有文化课成绩的教师评价由年终考核领导小组评分确定成绩。评分区间为最高 85 分，最低 70 分。⑧班级成绩评定也符合以上评价实施方案。

二、特殊教育学校教师（班级）教学过程性评价成绩

教师工作成绩评价包括职业修养（10 分）、理论学习（4 分）、专业成长（14 分）、教学教研（15 分）、德育实施（8 分）、招生工作（2 分）、送教家访（8 分）、学业述评（5 分）、教学管理（24 分）、安全保障（10 分），总分 100 分。

职业修养（10 分）。遵守教师职业 10 项准则（坚定政治方向、自觉爱国守法、传播优秀文化、潜心教书育人、关心爱护学生、加强安全防范、坚持言行雅致、秉持公平诚信、坚守廉洁自律、规范从教行为），坚守 1 项加 1 分，共 10 分。

理论学习（4 分）。教师参加学校政治理论、业务理论等学习会议，包

括学校常态化工作会议，缺少 1 次扣 0.4 分。

专业成长（14 分）。业务学习 8 分（每 100 字 0.2 分）、学习培训 3 分（参加 1 天 0.5 分）、心得体会 3 分（每篇 1.5 分）。

教学教研（15 分）。教师上交教学（工作）计划和总结 2 分（各 1 分），听课 8 分（教务处安排、有记录、有评价、过程完整，每 1 节 0.5 分），评课 2 分（参与 1 节 0.5 分），参加公开课 2 分（学校组织的公开课 1 节 1 分），优质课获奖 1 分（各级获奖 1 次 0.5 分）。

德育实施（8 分）。教师每学期按照 80 天上课时间统计。教师参与校园课间秩序管理、学生看护管理、学生安全管理。请假 1 天扣 0.1 分，最高扣 8 分。

招生工作（2 分）。教师完成学校"招生"工作，招收 1 名学生加 1 分，要求完成资料、教务处认定。

送教家访（8 分）。此项工作针对在校生，教师每学期送教家访 8 人次，每次 1 分。要求按照德育处具体安排做实送教家访记录、家长签字、合影照片，且德育处认定。

学业述评（5 分）。教师在培智教育过程中，每学期对学生的学习、生活、康复等情况以教研活动的形式向全体教师述评 2 次，要求上交书面内容，每次 2.5 分。

教学管理（24 分）。课堂纪律 5 分（教师上课时做与教学内容无关的事，检查时发现 1 次扣 0.5 分），教案 8 分（按规定教案数 1 个加 0.5 分，每周五下午交到教务处备查），学生作业 3 分（学生作业 1 次加 0.3 分，规定一学期作业量为 10 次），缺课 4 分（检查时每缺 1 节扣 1 分），私自换课 4 分（教务处没有安排，查出 1 节扣 0.5 分）。

安全保障（10 分）。此项根据发生的安全事故程度由重到轻依次扣 10 分、5 分、2 分。

第七节　教师管理评价之绩效工资

——《教师绩效工资考核工作实施方案》

依据中共中央、国务院印发的《深化新时代教育评价改革总体方案》的精神和要求，依据市委组织部、市人社局、市财政局《关于优化市属事业单位绩效工资管理有关问题的通知》（白人社发〔2021〕178 号）和中共靖远县委组织部、靖远县人力资源和社会保障局、靖远县财政局《关于优化县属事业单位绩效工资管理有关问题的通知》（靖人社发〔2021〕405 号）文件精神，学校结合特殊教育学校实际，特制订教师绩效工资分配实施方案。

一、指导思想

全面贯彻党的教育方针，严格按照《深化新时代教育评价改革总体方案》的精神和要求，完成学校教师绩效工资考核发放工作。一是坚持把师德师风作为第一标准，强化教师思想政治素质考察，推动师德师风建设常态化、长效化。二是全面落实新时代教师职业行为准则，把师德失范行为作为绩效工资考核的重要内容。三是突出教师教育教学实绩，把认真履行教育教学职责作为评价教师的基本要求。教师完成特殊教育工作，开展教学述评、学生学业和康复述评纳入绩效工资考核内容。四是绩效工资分配向教学一线和特殊教育效果突出的教师倾斜。建立科学规范的绩效工资分配机制，充分发挥绩效工资的杠杆作用，真正做到干与不干不一样、干多干少不一样、干好干坏不一样，激励全体教职工爱岗敬业、爱心奉献、耐心浇灌、积极主动地完成各项工作任务，努力推进学校工作持续、健康、快速发展。

二、实施对象

在职教师。

三、领导小组

学校成立教师绩效工资考核分配工作领导小组，负责教师绩效工资考核分配的组织、指导、督查、核实和管理。领导小组由学校党支部书记（校长）担任组长，中层领导和教师代表为成员。考核小组成员可由学校行政会议提名或民主推选，经党支部党员会议通过的方式产生。

四、分配原则

（一）坚持"多劳多得、优绩优酬"的原则

绩效工资考核包括"师德师风、工作量、出勤、工作成绩"四个部分。实行多劳多得、优绩优酬，重点向一线教师、骨干教师和取得突出成绩的工作人员倾斜。

（二）坚持"德、能、勤、绩"同步考核的原则

学校德育处落实教师立德树人、政治学习、德育工作等考核工作；教务处落实教师教育工作过程性评价、教师出勤管理、工作量确定等工作。科学、妥善处理各种关系，积极维护正常工作秩序。

（三）坚持"公开、公正、公平"的原则

绩效工资考核分配的全过程公开透明，切实做到公平、公正，依据各种考核数据分配绩效工资。

五、发放形式

从地方性规范津贴和年终一次性奖金中扣除 500 元，作为奖励性绩效工资。根据考核每年发放 2 次，1—7 月发放 1 次，8—12 月发放 1 次。

六、分配方案

（一）师德师风考核（10%）

在师德师风方面，违反《中华人民共和国教师法》《中小学教师职业道德规范》《中华人民共和国未成年人保护法》《中华人民共和国残疾人教育条例》等法律法规相关规定，构成违法犯罪的教师不享受奖励性绩效工资，不构成犯罪的教师则按照以下规定分配绩效工资。

在当月考核期内，教师受到县级教育行政部门及以上单位的通报批评的少享受本项奖励性绩效工资的 50%。

在当月考核期内，教师受到纪委监委通报处分或处理的不享受本项绩效工资。

在当月考核期内，教师违反职业修养 10 项准则（坚定政治方向、自觉爱国守法、传播优秀文化、潜心教书育人、关心爱护学生、加强安全防范、坚持言行雅致、秉持公平诚信、坚守廉洁自律、规范从教行为），1 项不达标少享受本项奖励性绩效工资的 10%。

在当月考核期内，教师参加党支部或学校安排的政治理论学习、业务学习、听课笔记等，考核不达标或未完成，少享受本项奖励性绩效工资的 50%。

（二）工作量考核工资（30%）

按照《学校教师工作量认定实施方案》严格做实并确定教师周工作量数。全体教师月工作量数按照周工作量数的 4 倍计算，得出学校各个岗位教师月工作量总数，再结合本项可支配绩效工资总数和月工作量总数的比值，得出工作量课时绩效系数。

当月教师工作量考核绩效工资 = 教师的月实际工作量数 × 课时绩效系数。

教师请假期间的工作量由教务处安排的代课教师享受代课绩效工资。

（三）出勤考核（40%）

教师请事假或请病假 1 天少享受本项可分配绩效工资的 12%，有重大疾病住院（出示住院证明、住院费用流水单、发票等证明材料）享受本项绩效工资。

教师婚假、丧假、产假期间，按照国家规定和《特殊教育学校教师出勤请假制度》相关规定享受本项奖励性绩效工资。

教师迟到或到校未签到、早退等每次少享受本项奖励性绩效工资的 2%；学校统一组织各种会议、活动缺岗 1 次少享受本项奖励性绩效工资的 5%；学校组织或安排的大型集会活动、阶段性对学生的述评考评、送教上门等工作期间，教师缺少 1 次少享受本项奖励性绩效工资的 8%。

（四）工作成绩考核（20%）

按照《特殊教育学校教育教学（工作）成绩评价实施方案》，教师（班级）教学成绩考核评价实行"六率代数和"评价机制。教学评价成绩 = 完成率 30%+ 参考率 20%+ 优秀率 5%+ 平均分浮动率 35%+ 及格学生浮动率 10%- 学困生率，总分 100 分。教师（班级）教学成绩折合成 35% 的成绩计入年终考核成绩。

完成率30% = 本次考试成绩前65%人数÷上次已经确定的65%评价指标数×30。学校可以根据自己的需要确定百分比人数，如60%、70%等，原则上是中考和高考指标数的比例。

参考率20% = 参加考试学生人数÷入学时学生学籍人数×20。

优秀学生数浮动率5% = 本次考试成绩优秀学生数÷参加考试学生人数×5。成绩优秀学生指的是学科卷面（包括班级）总分成绩的80%以上的人数。

平均分浮动率35% = 本次考试成绩平均分÷上次考试成绩平均分×30。一般控制平均分浮动率的权重最高分为35分，最低分为25分，用30作为权重浮动的系数。考虑到考试试题的难易程度会造成浮动较高或较低，学校可每年用四次平均分浮动率评价教师，以降低试题难易程度带来的不合理因素的影响。试题的难易程度在评价时应适合每一位任课教师，让所有学科都在同一个平台上统一评价。

学生及格人数率10% = 本次考试及格学生数÷参加考试学生人数×10。成绩及格学生指的是学科卷面（包括班级）总分成绩的60%以上的人数。

学困生率 = 学生考试成绩年级排名倒数10%名次人数÷参加考试学生人数。

特殊教育学校按照《特殊教育学校教育教学（工作）成绩评价实施方案》考核教师在教育教学过程中的工作岗位职责履行情况和康复训练基本情况等。这里主要从教师的师德师风、职业修养、理论学习、专业成长、教学教研、教学成绩、德育实施、招生工作、送教家访、学业述评、教学管理、安全保障等细节进行考核。

教师工作成绩绩效工资分配以教师工作评价结果为依据，总分最高为100分。

教师工作成绩绩效系数 = 全校教师本项奖励性绩效工资÷全校教师工作评价成绩。教师本项奖励性绩效工资 = 教师实际工作评价成绩×教师工作成绩系数。

每一季度末评价教师（班级）教学成绩分数。当月没有评价出成绩的教师享受本项奖励性绩效工资。

教师婚假、丧假、产假期间，和在岗教师同步评价时，按照本学期本人在岗时评价出百分制工作成绩，或考核小组民主评分得出工作成绩。其中，民主评分区间定为全体在岗教师成绩平均分上下各5分。

（五）不享受奖励性绩效工资

（1）本学期未承担任何特殊教育教学工作的。

（2）本学期累计旷工达 5 个工作日、病事假累计超过 2 个月以上的。

（3）脱产学习的。

（4）解除聘用合同的。

（5）停发工资的。

（6）借调到教育系统之外的。

（7）年终考核结果为合格等次以下者。

七、考核工作管理

考核的全过程公开透明，随时接受教师的监督和上级相关部门的质询。各项考核量化分数和绩效工资发放数据确定后，在学校进行公示。公示期限为 3 天。

数据有差错或不明白的要在公示期内核实。考核分值有误的，必须重新提供数据，纠错考核数据。考核数据核实工作要在公示期内完成，超出公示期限视为正确或放弃核查，不再更正任何数据。

第八节　教师管理评价之普通学校年终考核

——《普通学校教师年终考核工作实施方案》

为规范学校教育教学管理，健全激励、竞争机制，激发全体教师内在潜力，促进教育教学质量全面提高，加强教师队伍建设，客观公正评价教师工作成绩，学校结合实际，特制订《普通学校教师年终考核工作实施方案》。

一、师德师风（12分）（党组织、德育处考核）

（一）学习笔记（5分）

考核小组根据教师在校表现、政治笔记完成情况打分确定分数，最高分 10 分。党员教师每完成学习笔记 100 字记 0.05 分，教师每完成学习笔记 100 字记 0.1 分。

（二）职业修养（7分）

教师坚守教师职业 10 项准则（坚定政治方向、自觉爱国守法、传播优秀文化、潜心教书育人、关心爱护学生、加强安全防范、坚持言行雅致、秉持公平诚信、坚守廉洁自律、规范从教行为），缺失 1 项扣 1 分，共 7 分。

（三）师德考核"六个"一票否决（教师或班主任）

教师师德考核"六个"一票否决：违法乱纪，违反社会公德，酒驾醉驾，参与赌博、邪教，搞封建迷信，传播低级庸俗文化和思想；在生活、经济等方面犯有错误，造成不良影响；以教谋私，向学生乱收费，造成一定负面影响，或被查实向家长索要钱物，或被查实参与有偿补课，有损教师形象；讽刺、挖苦、歧视学生，体罚或变相体罚学生造成严重后果；因工作不负责任或工作失职致使学生出走或打架造成严重后果；对本职工作不负责任，旷职旷课严重影响教育教学工作，对学校和社会造成严重不良影响。

二、出勤、工作纪律（20分）（办公室、教务处、德育处考核）

（一）出勤

教师迟到或早退 1 次扣 0.1 分，请事假、病假 1 天扣 0.5 分；教师离校超过 2 小时视作事假半天；1 学期内事假累计 1.5 月以上（含 1.5 月）、病假 2 月以上（含 2 月），出勤、工作纪律项不得分（法定节假日，正常产假、婚假、丧假时间除外），病假有住院手续减半扣分。

（二）工作纪律

教师参加升旗仪式、政治学习、教职工会议、集会、活动等缺 1 次扣 0.2 分；在正常上班时间上网聊天、打游戏等，做与教育教学工作无关的事，查出 1 次扣 1 分；值班、早读、晚背、晚自习辅导课等无故迟到、早退等，查出 1 次扣 0.5 分；监考、阅卷迟到、早退、中途出场、看书报杂志、玩手机游戏等，发现 1 次扣 0.5 分；班主任在班级常规管理中，迟到、早退 1 次扣 0.2 分；学校组织的大型集会活动，期中、期末考试监考阅卷期间，教师请假 1 天，扣 0.8 分。以上工作旷职 1 次，扣 1.2 分。

三、工作量（20分）（教务处、德育处、总务处、办公室考核）

依据《教职工工作量认定实施方案》确定的教师工作量，按1周工作量课时数计分，每课时得1分，工作量最高20分。

四、工作（教学）成绩（35分）（教务处、德育处、办公室、总务处考核）

《教师教学成绩评价实施方案》评定的教学成绩认定为年终考核教师教学成绩分数；期中考试和期末考试（会考、中考、高考、质检）学生成绩数据作为教师年终考核教学成绩；未有学科成绩的教师工作成绩由学校各处室定性、考核小组民主测评得出分数，最高30分，最低25分。

五、工作（教学）常规（10分）（教务处、德育处、办公室、总务处考核）

（一）常规检查（4分）

备课不认真，每次扣1分；无教案上课，发现1次扣2分；不认真上课，上课迟到，提前下课，发现1次扣1分；课堂纪律差，秩序混乱，学生出现追逐打闹等现象，发现1次扣1分；对专用教室、器材、设施设备管理维护不到位，查实1次扣0.5分；指导学生活动不科学、不规范，学生意见大，查实1次扣0.5分，严重者该项扣2分；听课次数少于教育局或学校规定，少1次扣1分；作业批阅不认真或次数不够，查出1次扣1分；不能及时完成学校布置的教学（工作）任务，查实1次扣1分；对学校安排的各处室具体工作，不负责、不落实、工作滞后，造成负面影响，出现1次扣3分。

（二）送教家访（2分）

此项工作针对在校生，教师每学期送教家访10人次，每次0.2分，按照德育处具体安排做实送教家访记录、家长签字、合影照片、德育处备案。

（三）学业述评（4分）

教师在教育教学过程中，每学期对学生的学习、生活等情况以教研活动的形式向全体教师述评2次，要求上交书面内容。

六、工作业绩（3分）（办公室考核）

获得省、市、县政府级别颁发的先进或优秀教师等称号分别加2分、1.5分、1分，以收到文件和证书为准；教育部门颁发的先进或优秀教师等称号分别加1.5分、1分、0.5分，以收到文件和证书为准；所带班级获得省级、市级先进班集体加1.5分，县级先进班集体加1.0分，校级先进班集体加0.5分，以收到文件和证书为准。

通过省级鉴定的课题，按参加者排序依次加1.5分、1.0分、0.5分，市级鉴定的课题依次加1.0分、0.5分、0.2分，以结题证书和文件为准。

在国家级报纸、刊物上发表一篇论文加1.5分；省级报纸、刊物上发表加1.0分；市级报纸、刊物上发表加0.5分；县级报纸、刊物上发表加0.2分。以上同一篇文章按就高原则只加一次分，不累计，以刊物原件为准。

教师参加评优课、辅导学生竞赛、技能活动等获得一、二、三等奖或前三名，市级、省级及以上分别加1分、0.5分、0.2分，县级分别加0.5分、0.3分、0.1分，同类竞赛以最高层次为准，以获奖证书原件为准；在学校教改、教研活动中成绩突出，被评为县级及以上优秀加0.2分，校级加0.1分；完成学校安排的大型活动的组织和排练工作，参加县级及以上组织的活动，成绩名列前三名，参与者每人分别加0.8分、0.5分、0.2分，以收到文件和证书为准。

第九节　教师管理评价之特殊教育学校年终考核

——《特殊教育学校教师年终考核工作实施方案》

一、师德师风（10分）（党支部、德育处考核）

考核小组根据教师在校表现、政治笔记完成情况打分确定分数，最高分10分。党员教师每完成学习笔记100字记0.1分，普通教师每完成学习笔记100字记0.2分。

教师师德考核"六个"一票否决：违法乱纪，违反社会公德，酒驾醉驾，参与赌博、邪教，搞封建迷信，传播低级庸俗文化和思想；在生活、经济等方面犯有错误，造成不良影响；以教谋私，向学生乱收费，造成一定负面影响，或被查实向家长索要钱物，或被查实参与有偿补课，有损教师形象；讽刺、挖苦、歧视学生，体罚或变相体罚学生造成严重后果；因工作不负责任或工作失职致使学生出走或打架造成严重后果；对本职工作不负责任，旷职旷课严重影响教育教学工作，对学校和社会造成严重不良影响。

二、出勤、工作纪律（25分）（办公室、教务处、德育处考核）

（一）出勤

教师迟到或早退1次扣0.1分，请事假、病假1天扣0.5分；教师离校超过2小时视作事假半天；1学期内事假累计1.5月以上（含1.5月）、病假2月以上（含2月），出勤、工作纪律项不得分（法定节假日，正常产假、婚假、丧假时间除外），病假有住院手续减半扣分。

（二）工作纪律

教师参加升旗仪式、政治学习、教职工会议、集会、活动等缺1次扣0.2分；在正常上班时间上网聊天、打游戏等，做与教育教学、康复工作无关的事，查出1次扣1分；值班、营养餐管理、学生课间管理等无故迟到、早退等，查出1次扣0.5分；在捐赠、集体学习等活动期间中途出场、看书报杂志、玩手机游戏等，发现1次扣0.5分；班主任在班级常规管理中，迟到、早退1次扣0.2分。以上工作不参加或旷职1次，扣1.2分。

三、工作量（20分）（教务处、德育处、总务处、办公室考核）

教职工所有工作量实行"签单式认定，课时化管理"，教学人员、管理人员、教辅人员等全部纳入课时量管理。教师周基本工作量课时数根据学校所有课时工作量和教师人数认定。教师基本工作量为全体教师的平均工作量。教师的工作量依据《教职工工作量认定实施方案》确定。

（一）学校教学人员周工作量认定

教学人员周工作量认定。一般性课程：生活语文、生活数学、生活适应、绘画与手工、唱游与律动、运动与保健、劳动技能。选择性课程：康复训练、信息技术、第二语言、艺术休闲、校本课程、综合实践课程、校长课程等。所有教育教学课程1节课均认定为1课时。

周工作量用公式表示：周工作量＝周教学工作节数×折合系数＋浮动工

作量＋其他工作量。

教学工作量：凡进入课程表的课程（包括国家课程、地方课程和校本课程），每节按规定时量（35 分钟／节）授课。

浮动工作量是合班课时与其他补助课时之和。

老年教职工周工作量（仅适用于延迟退休政策出台前）：根据教职工年龄和精力状况，按照酌情补助工作量（补助工作量只能增加到基本工作量，年度考核不积分）的办法，确定教职工周工作量。

例如，男 55 ～ 56 周岁、女 50 ～ 51 周岁，每周可给予 2.5 补助标准课时。男 57 ～ 58 周岁、女 52 ～ 53 周岁，每周可给予 3.5 补助标准课时。男 59 ～ 60 周岁、女 54 ～ 55 周岁的教职工要求按时上班，由学校安排其他工作，达到基本工作量。

（二）学校管理人员周工作量认定

学校的领导人数与内设机构设置要依据学校类别、规模和任务，合理确定各类人员的结构比例，以保证学校教育教学和管理工作的有效实施。学校管理人员周工作量标准根据学校实际工作量需要实行签单式认定。

（三）学校教辅人员周工作量认定

学校教辅人员：安全管理（德育处），网络管理（总务处），图书管理（教务处），卫生保健（总务处），心理健康（德育处），水电管理（总务处），食堂管理（总务处），营养餐发放、生活整理（班主任）等工作人员周工作量由相关负责人承担，不再计入教师工作量。

班主任享受津贴，不计入教师工作量。

教职工周基本（平均）工作量课时数＝全校教职工周工作量÷教职工总人数。

附：靖远县特殊教育学校 2021—2022 学年第一学期管理人员工作量认定。

党支部书记周工作量 3.4 课时（按 1.7 课时认定），校长周工作量 8.6 课时（按 4.3 课时认定），教务主任周工作量 9.0 课时（按 4.5 课时认定），德育主任周工作量 8.0 课时（按 4.0 课时认定），总务主任周工作量 4.0 课时，康训主任周工作量 4.0 课时，财务会计周工作量 4.0 课时，党办主任周工作量 2.2 课时，校办主任周工作量 2.0 课时，财务出纳周工作量 1 课时，保管周工作量 1.2 课时。享受职级制津贴的管理人员周工作量减半认定。

实际工作量确定总数为 32.9 课时。每班 1 周总课程 25 课时，5 个班级，补助课程 6.0 课时，全校周工作量总数 163.9 课时，平均周工作量 13.7 课时。

四、教师（班级）教学过程性评价成绩（40 分）（教务处、德育处、办公室考核）

《教师（班级）教学过程性评价成绩实施方案》评定的成绩认定为年终考核教师（班级）教学成绩。该成绩评价包括职业修养（10 分）、理论学习（4 分）、专业成长（14 分）、教学教研（15 分）、德育实施（8 分）、招生工作（2 分）、送教家访（8 分）、学业述评（5 分）、教学管理（24 分）、安全保障（10 分），共计 100 分。

（一）职业修养（10 分）

遵守教师职业 10 项准则（坚定政治方向、自觉爱国守法、传播优秀文化、潜心教书育人、关心爱护学生、加强安全防范、坚持言行雅致、秉持公平诚信、坚守廉洁自律、规范从教行为），坚守 1 项加 1 分，共 10 分。

（二）理论学习（4 分）

教师参加学校政治理论、业务理论等学习会议，包括学校常态化工作会议，缺少 1 次扣 0.4 分。

（三）专业成长（14 分）

业务学习 8 分（每 100 字 0.2 分）、学习培训 3 分（参加 1 天 0.5 分）、心得体会 3 分（每篇 1.5 分）。

（四）教学教研（15 分）

教师上交教学（工作）计划和总结 2 分（各 1 分），听课 8 分（教务处安排、有记录、有评价、过程完整，每 1 节 0.5 分），评课 2 分（参与 1 节 0.5 分），参加公开课 2 分（学校组织的公开课 1 节 1 分），优质课获奖 1 分（各级获奖 1 次 0.5 分）。

（五）德育实施（8 分）

教师每学期按照 80 天上课时间统计。教师参与校园课间秩序管理、学生看护管理、学生安全管理。请假 1 天扣 0.1 分，最高扣 8 分。

（六）招生工作（2分）

教师完成学校"招生"工作，招收1名学生加1分，要求完成资料、教务处认定。

（七）送教家访（8分）

此项工作针对在校生，教师每学期送教家访8人次，每次1分。要求按照德育处具体安排做实送教家访记录、家长签字、合影照片，且德育处认定。

（八）学业述评（5分）

教师在培智教育过程中，每学期对学生的学习、生活、康复等情况以教研活动的形式向全体教师述评2次，要求上交书面内容，每次2.5分。

（九）教学管理（24分）

课堂纪律5分（教师上课时做与教学内容无关的事，检查时发现1次扣0.5分），教案8分（按规定教案数1个加0.5分，每周五下午交到教务处备查），学生作业3分（学生作业1次加0.3分，规定一学期作业量为10次），缺课4分（检查时每缺1节扣1分），私自换课4分（教务处没有安排，查出1节扣0.5分）。

（十）安全保障（10分）

此项根据发生的安全事故程度由重到轻依次扣10分、5分、2分。

五、工作业绩（5分）（办公室考核）

获得省、市、县政府级别颁发的先进或优秀教师等称号分别加2分、1.5分、1分，以收到文件和证书为准；教育部门颁发的先进或优秀教师等称号分别加1.5分、1分、0.5分，以收到文件和证书为准；所带班级获得省级、市级先进班集体加1.5分，县级先进班集体加1.0分，校级先进班集体加0.5分，以收到文件和证书为准。

通过省级鉴定的课题，按参加者排序依次加1.5分、1.0分、0.5分，市级鉴定的课题依次加1.0分、0.5分、0.2分，以结题证书和文件为准。

在国家级报纸、刊物上发表一篇论文加1.5分；省级报纸、刊物上发表加 1.0 分；市级报纸、刊物上发表加 0.5 分；县级报纸、刊物上发表加 0.2 分。以上同一篇文章按就高原则只加一次分，不累计，以刊物原件为准。

教师参加评优课、辅导学生竞赛、技能活动等获得一、二、三等奖或前三名，市级、省级及以上分别加 1 分、0.5 分、0.2 分，县级分别加 0.5 分、0.3 分、0.1 分，同类竞赛以最高层次为准，以获奖证书原件为准；在学校教改、教研活动中成绩突出，被评为县级及以上优秀加 0.2 分，校级加 0.1 分；完成学校安排的大型活动的组织和排练工作，参加县级及以上组织的活动，成绩名列前三名，参与者每人分别加 0.8 分、0.5 分、0.2 分，以收到文件和证书为准。

以上所有得分总和最高为 5 分。

第十节　教师管理评价之普通学校职称晋升

——《普通学校教师职称晋升考核评价工作实施方案》

依据上级人社部门和教育行政部门有关教师职称晋升评审文件的规定，学校对晋升职称的教师的教龄、校龄、任现职时间、学历、年终考核、中考成绩、德育、全勤、考核小组测评等 9 个方面评价积分，总积分 100 分。

教龄积分（28 分）。教师自参加工作以来，工作一年积 1 分，本项积分最高为 28 分。

校龄积分（5 分）。教师在本校工作一年积 0.5 分，本项积分最高积 5 分。

任现职时间积分（7 分）。教师任现职以来每年累积 0.5 分，本项积分最高积 7 分。

学历积分（9 分）。学校对教师在晋升职称时的最终学历积分。中专、大专、本科、本科以上分别积 6 分、7 分、8 分、9 分。

年终考核积分（30 分）。近五年教师年终考核（晋升职称当年为学期考核），按照每年考核评价由高到低排名顺序积分。由高到低按 20%、30%、30%、20% 比例，分别积 6 分、4 分、2 分、1 分。

考试成绩积分（5 分）。近三年在质检、中考、高考中，教师教学评价成绩进入全校前 3 名，一年积 1.5 分。班主任或科任教师完成学校确定的升学评价指标数，一年积 2 分，本项积分最高积 5 分。

德育考核积分（3 分）。近三年在一线具体实施德育工作的班主任，担任一年积 1 分；班级出现重大安全事故，造成社会负面影响，当年不积分。本项积分最高积 3 分。

全勤奖励积分（3 分）。近三年教师全勤每年积 1 分。本项积分最高积 3 分。

考核小组测评积分（10 分）。晋升职称教师接受考核小组测评。评出 10、9 两个分数，核算教师个人平均得分为考核小组测评积分。此项原则上是给相同分数的教师打分。

晋升职称资格评审程序：申报教师按照本办法如实填写申报表，并将申报、评审相关资料交到晋升职称领导小组办公室；否则，按弃权对待；学校职称领导小组根据定性条件，确定晋升职称入围教师；晋升职称考核领导小组对晋升职称教师量化考核打分；晋升职称考核领导小组审查教师所交相关资料和得分是否有误，核实后按总分高低顺序排位，报主管领导审核；学校行政会评议通过后，教师积分排名在全校公开，公示 2 天无误后，开始生效，教师填表上报。

为了避免重复使用数据，教师的德、能、勤、绩在绩效工资考核和年终考核中已经量化了评价数据。经考核符合下列定性评价必备条件者，可晋升教师职称。

教师敬业精神强，有科学的育人观念、严谨的治学态度、良好的师德修养，能承担一定的教育教学任务。晋升职称当年，教师教育教学工作量达到或超过当年学校规定的教师周工作基本量。

晋升职称当年，教师的出勤考核得分达到 15 分及以上（权重最高分 20 分），或一学期请假累计在 10 天以内。

教师对所教学科具有较为扎实的基础理论和专业知识，能积极研究课标、考纲，理解教材，有科学的教学方法，教学效果显著。申请晋升职称前的期中考试、期末考试或高考，教师的教学评价成绩达到年级学科平均分及以上。教师工作成绩以教师成绩考核评价分数为准。

教师具有正确教育学生的能力，能根据中学生的年龄特征、时代特征以及思想实际进行政治思想教育和品德修养教育，教育效果好。教师晋升职称当年所带班级或学生没有出现由于教师个人教育方式等原因造成重大安全事故，或重大学生违纪事件，没有对学校和社会造成严重影响。

教师工作出现下列情况取消当年晋升职称资格：违反党的路线、方针、政策，违法乱纪，对学校造成恶劣影响；受到党内严重警告，行政记大过以上处分后，没有撤销处分；近三年借调脱离教学岗位，病休满一年以上；近三年事假累计超过 3 个月以上，病假累计超过 6 个月以上（产假、婚假、丧假除外）；无故缺课、旷工、缺会或不请假离校，严重违反校规校纪，经教育，尚无悔改表现；不承担学校分配的工作，无故不服从工作调动和安排，玩忽职守造成重大事故或对学校声誉影响甚大，情节严重。

当年申报晋升职称的考核领导小组成员不参与考核评价工作，教师职称晋级同样适合本办法，并严格执行。

第十一节　教师管理评价之特殊教育学校职称晋升

——《教师职称晋升考核评价工作实施方案》

教龄积分（28 分）。教师自参加工作以来，工作一年积 1 分，本项积分最高为 28 分。

校龄积分（5 分）。教师在本校工作一年积 0.5 分，本项积分最高积 5 分。

任现职时间积分（8 分）。教师任现职以来每年累积 0.5 分，本项积分最高积 8 分。

学历积分（10 分）。学校对教师在晋升职称时的最终学历积分。中专、大专、本科、本科以上分别积 7 分、8 分、9 分、10 分。

年终考核积分（30 分）。近五年教师年终考核（晋升职称当年为学期考核），按照每年考核评价由高到低排名顺序积分。由高到低按 20%、30%、30%、20% 比例，分别积 6 分、4 分、3 分、1 分。

特殊贡献积分（3 分）。在晋升职称当年，学校招生工作成绩显著，能完成特殊时期特殊工作者，给予适当加分。教师工作成绩显著受奖励 1 次积 0.5 分，能引进爱心人士捐赠捐助 1 次积 1 分，本项积分最高积 3 分。

德育考核积分（3 分）。近三年在一线具体实施德育工作的班主任，担任一年积 1 分；班级出现重大安全事故，造成社会负面影响，当年不积分。本项积分最高积 3 分。

全勤奖励积分（3 分）。近三年教师全勤每年积 1 分。本项积分最高积 3 分。

考核小组测评积分（10 分）。晋升职称教师接受考核小组测评。评出 10、9 两个分数，核算教师个人平均得分为考核小组测评积分（没有并列分值，可以不测评，直接计入 10 分）。

第十二节　教师管理评价之评优选先

——《教师年度"评优选先"评价工作实施方案》

为调动教师工作积极性，规范学校教育管理，加强教师队伍建设，健全激励和竞争机制，评选坚持民主、公正、客观性原则，坚持重过程、重实绩、讲实效原则，坚持年终考核和工作量优先原则。

评选依据：《中小学教师职业道德规范》《教师教学成绩评价实施方案》《教师绩效工资发放实施方案》《教师年终考核实施方案》《教师职称晋升考核评价实施方案》《教师工作量认定实施方案》《教师请销假制度》及学校其他相关评价制度。

一、评选积分

教师年度考核或两次学期考核（40分）；教师工作量（25分）；职称晋升考核（20分）；教师出勤（12分）；兼职（3分）。

教师年度考核或两次学期考核（40分）。县级及以上政府、上级主管部门下达"评优选先"指标之前，学校对教师评价出的年度考核成绩按40%积分，最高积40分。

教师工作量（25分）。县级及以上政府、上级主管部门下达"评优选先"指标时的这一学期，依据《教师工作量认定实施方案》确定的教师工作量，按1周工作量课时数计分，每课时积1分，最高积25分。

职称晋升考核（20分）。县级及以上政府、上级主管部门下达"评优选先"指标时，教师职称晋升考核的得分按20%积分，最高积20分。

教师出勤（12分）。县级及以上政府、上级主管部门下达"评优选先"指标时的这一学期，教师出勤按学期、月考核积分，最高积12分。未签到1次扣0.1分，请事假、病假1天扣0.5分。

兼职（3分）。县级及以上政府、上级主管部门下达"评优选先"指标时的这一学期，班主任1.5分，校级领导1分，处室主任或部门重要负责人0.5分。累计最高积3分。

二、评选要求

教师年度"评优选先"实施方案同样适合"优秀班主任"和"先进班集体"的评选，但教师必须累计担任班主任工作三年及以上。校长和德育主任可以参与评选"优秀德育工作者"荣誉称号。

县级及以上政府、上级主管部门下达"评优选先"指标时，前两年有 1 次被评为县级及以上优秀或先进的教师评选成绩仍然达到条件，直接评为校级优秀或先进教师，不再评为县级及以上的荣誉称号。

参与"评优选先"的教师必须保质保量地完成学校各部门安排的教育教学管理工作。

教师在近两年教育教学过程中出现安全事故和违纪现象，存在体罚或变相体罚学生，造成社会不良影响的，"评优选先"一票否决。

在实践中不断反思，在实施中不断完善，学校教师考核评价管理制度必须落到实处，彰显制度文化的科学性和合理性。学校可结合"一三五"（"一制度、三办法、五方案"）教师管理评价体系，将教师考核评价管理做到尽善尽美。

参考文献

[1] 李小琴 . 浅议情景课堂下的初中英语教与学 [J]. 考试周刊，2015（95）：100.

[2] 齐美红 . 初中英语多媒体情境教学探讨 [J]. 中国信息技术教育，2015（S1）：79.

[3] 邵宗明 . 学校管理需要充分释放正能量 [J]. 教学月刊·中学版（教学管理），2013（12）：20–21.

[4] 阮茜 . 中小学校新课程改革中的教师评价问题初探：基于对部分中小学的调查 [D]. 桂林：广西师范大学，2007.

[5] 阎莉 . 新课程背景下中小学教师评价研究 [D]. 天津：天津师范大学，2009.

[6] 于博 . 中小学教育管理价值取向探析 [J]. 亚太教育，2015（4）：218.